이양호 지음

인도, 이란, 이라크, 파키스탄, 방글라데시를 중심으로

힌두 · 이슬람국가, 불평등의 정치경제학

비앤엠북스

힌두·이슬람국가, 불평등의 정치경제학:
인도, 이란, 이라크, 파키스탄, 방글라데시를 중심으로

이양호 지음

비앤엠북스

• 들어가며 •

최근 종교적으로 힌두 지역과 이슬람 지역에서 변화들이 많이 일어나고 있다. 힌두교 지역인 인도는 빈곤 인구가 많으면서도 세계경제 강국으로 떠오르고 있다. 이슬람 지역의 핵심 국가인 이란, 이라크 그리고 이슬람의 변방지역인 파키스탄, 방글라데시에서도 정치 불안 등 혼란을 거치면서 서서히 변화가 일어나고 있다.

이 책은 종교적으로 힌두 지역인 인도와 이슬람 지역 국가인 이란, 이라크, 파키스탄, 방글라데시에서 불평등과 민주주의 혹은 권위주의가 어떤 관계가 있는지를 분석하는 작업이다. 남아시아와 중동에 있는 이들 국가들의 분석을 통해 변화하는 국가들에서 나타나는 불평등과 민주주의 관계를 파악할 수 있을 것이다.

우선 이들 국가들의 사회인류학적인 인구, 언어, 도시화율, 합계출산율(total fertility rate), 문자해득률(literacy rate)을 CIA의 월드팩북(World factbook)을 통해 2018년경의 상황을 살펴보자.

인도는 인구 약 1억 3천만 명으로 인구 성장률은 연 1.14%이다. 언어는 힌두어 43.6%, 벵골어 8% 등으로 다양한 언어를 사용하고 있고 종교는 힌두교 79.8%, 무슬림 14.2% 등이다. 기대수명은 69.1세이고 중위연령은 28.1세이다. 도시화율은 34%이다. 합계출산율은 2.4명이며 문자해득률은 71.2%이다.

이란은 인구 약 8,300만 명으로 인구는 연 1.19%로 증가하고 있다. 공식적으로 페르시아어를 쓰고 무슬림이 인구 중 99.4%를 차지하며 이 중 시아파 90.95%, 수니파 5-10%이다. 기대수명은 74.2세이고 중위 연령은 30.8세이다. 도시화율은 74.9%이다. 합계출산율은 1.96명이며 문자해득률은 85.5%이다.

이라크는 인구 약 4,000만 명으로 인구는 연 2.5%로 증가하고 있다. 공식적으로 아랍어와 쿠르드어를 쓰며 무슬림이 95-98%이며 이 중 시아파 64-69%, 수니파 29-34%이다. 기대수명은 74.9세이며 중위연령은 20.2세이다. 도시화율은 70.5%이다. 합계출산율은 3.94명이며 문자해득률은 79.7%이다.

파키스탄은 인구 약 2억 명으로 인구는 연 1.41% 증가하고 있다. 공식적으로 우르드어를 쓰지만 펀자브어, 신디어 등 다양한 언어를 사용하고 있다. 무슬림이 인구의 96.4%를 차지하며 수니파 85-90%, 시아파 10-15%이다. 기대수명은 68.4세이며 중위연령은 24.1세이다. 도시화율은 36.7%이다. 합계출산율은 2.55명이며 문자해득률은 57.9%이다.

방글라데시는 인구 약 1억 6천만 명으로 인구 증가율은 연 1.02%이다. 언어는 벵골어를 쓰며 종교는 무슬림이 89.1%, 힌두가 10%이다. 기대수명은 73.7세이며 중위연령은 27.1세이다. 도시화율은 36.6%이다. 총출산율은 2.15명이며 문자해득률은 72.9%이다.

전체적으로 보면 이란, 이라크가 도시화율이 거의 70%에 달해 높은 편이며 인도, 파키스탄, 방글라데시는 도시화율이 30-40% 사이에 머물고 있다. 합계출산율과 문자해득률을 보면 이란이 인구인류학적으로 근대화된 수준이며 이라크, 파키스탄은 후진국 수준이다.

제1장에서는 힌두, 이슬람의 종교에서 보는 불평등과 빈곤의 문제를 파악하고 불평등과 민주주의 또는 권위주의와의 관계를 전반적으로 설명하고자 한다. 힌두교와 이슬람의 종교에서 불평등과 빈곤을 어떻게 보고 있는지, 빈곤퇴치 등에 대해 어떤 관점을 가지고 있는지를 분석한다. 이들 국가들이 왜 불평등과 빈곤에 처하게 되었는지 역사적 요인들을 살펴보고자 한다. 전통적으로 내려오는 사회계급 특히 힌두교 지역의 경우 카스트제도는 불평등의 상징이라고 할 수 있다. 이 장에서는 불평등과 빈곤의 기원을 이러한 여러 측면에서 다루고자 한다.

제2장에서는 인도의 소득불평등과 민주주의를 분석한다. 인도는 세계에서 가장 큰 민주주의 국가로 인정되어 왔지만 불평등과 빈곤이 심했던 국가이다. 최근 브릭스(BRICS) 국가라는 용어가 새로 생겼듯이 인도는 최근 경제적으로 크게 성장한 국가이다. 비록 인도에는 여전히 전근대적이고 못사는 전통적인 인도가 있는가 하면 잘나가는 번영된 인도도 존재하는 양면성을 가지고 있다. 인도에서 불평등과 빈곤의 정도가 얼마나 심각한지를 살펴보고자 한다. 역사적으로 보면 번영을 누리지 못하고 빈곤에 시달리게 된 불평등의 기원은 식민지배일 수밖에 없다. 이외에도 독립 이전의 사회계급 및 독립 이후의 개혁 실패 등도 불평등과 빈곤이 자리 잡게 된 연원이 될 수 있다. 1990년대 이후 사유화 과정이 시작되고 개혁이 추진되면서 지금과 같은 성장의 틀을 만들 수 있었다. 최근 인도에서 기본소득제가 논의되고 있는 것도 주목할 일이어서 인도의 기본소득제에 대해 설명하고자 한다.

제3장에서는 이란의 소득불평등과 민주주의를 분석한다. 아울러 이란이

실시했던 기본소득제를 분석한다. 이란은 1953년 쿠데타로 민주적으로 선출된 정부가 밀려나고 팔라비(Pahlavi)의 군주제가 들어서고 26년 동안 지배하였다. 그러나 1979년 호메이니(Ayatollah Khomeini)가 이란혁명을 통해 미국의 지원을 받는 군주제를 무너뜨리고 신정정치를 하기 시작하였다. 이란에는 기본적으로 식량과 유류에 대해서는 국가가 분배 지원하는 시스템이 있었다. 유류 가격 등의 변동에 따라 문제가 생기자 기존에 지원하던 것을 현금으로 지원하면서 자신도 인식하지 못하는 상황에서 기본소득제를 시행하였다. 이란의 경우 기본소득제를 중심으로 분석하고자 한다.

제4장에서는 이라크의 소득불평등과 민주주의를 분석한다. 이라크는 석유자원이 풍부하고 중소득 국가이지만 정치적으로 불안하고 취약한 국가이다. 이라크의 권위주의에 따른 재분배와 소득불평등을 분석한다. 이라크 권위주의의 특징은 이라크에서 고용 대부분이 국가부문에서 이루어지고 있을 뿐만 아니라 국가가 생필품과 식량 등을 분배하는 데 지원하여 빈곤층의 어려움을 감소시키는 재분배의 역할을 하고 있다. 이라크에서 소득불평등과 빈곤은 어느 정도인지를 분석하고 이라크의 권위주의가 이러한 불평등과 빈곤을 해소하기 위해 어떤 재분배 정책을 추진하고 있는지를 분석한다.

제5장에서는 파키스탄의 소득불평등과 민주주의를 분석한다. 파키스탄은 빈곤한 국가이며 군부의 영향력이 오랫동안 지속되어온 국가이다. 최근 대체로 공정한 선거를 통해 평화적인 정권교체가 이루어졌지만 군부의 입김은 여전히 강하다. 파키스탄은 군부지배의 정통성을 얻기 위해 국민들에게 의식주 등 사회보장을 제공하는 측면의 사회계약과 외형적으로 서구식

민주주의를 유지하는 경쟁적 권위주의를 특징으로 하고 있다. 파키스탄에서 소득불평등과 빈곤은 얼마나 심한지 그리고 이러한 불평등과 빈곤을 해결하기 위해 어떤 재분배 정책을 추구하고 있는지를 분석한다.

제6장에서는 방글라데시의 소득불평등과 민주주의를 분석한다. 방글라데시는 경제 발전으로 세계은행에 의해 하위 중소득국가로 지명되면서 꾸준히 소득불평등을 해소시켜왔다. 쿠데타, 일당독재 등을 겪었지만 사실상 역사적으로 좋은 조건을 가지고 있었다. 역사적으로도 인도에서 분리되면서 종교적으로 힌두교도들이 인도로 이주하고 인도의 무슬림들이 방글라데시로 이주하여 종족이나 종교 갈등이 적은 구조를 가지고 있었다. 방글라데시에서 소득불평등과 빈곤이 어느 정도인지를 분석하고 재분배 등에 대해서도 설명한다.

세계 각 지역에서 불평등과 빈곤에 시달리는 사람들이 많은 상황에서 민주주의나 권위주의가 이러한 어려움에서 구해줄 수 있을지 관심을 가지고 있는 저자로서는 힌두 및 이슬람 지역 국가들에서 나타나는 불평등과 민주주의 또는 권위주의의 관계를 분석하는 것은 의미 있는 작업이다. 이 책은 한국연구재단의 지원을 받아 수행된 연구(NRF-2017S1A3A2066657)로서 이 책을 출간하기까지 수고해주신 출판사 관계자 여러분들께 감사의 말씀을 드린다.

이양호

2019년 5월

고려대학교 평화와 민주주의연구소에서

차 례

제1장

힌두 및 이슬람 국가의 불평등과 민주주의

힌두교 및 이슬람

힌두교(Hinduism)를 믿고 있는 인도나 이슬람(Islam)을 믿고 있는 이란, 이라크, 파키스탄, 방글라데시에서 불평등과 빈곤의 근원이 어디에 연유하는지를 분석하고자 한다.

힌두교는 인도 지역에서 가장 오래된 종교로서 도(dharma)를 추구한다. 힌두는 원래 인더스 강 부근에 살던 사람들을 지칭하는 말이다. 힌두는 고대 페르시아 언어로 보면 현재 파키스탄에 있는 신두강(Sindhu River)이 페르시아어로 '힌두'라고 표현하기 때문에 지역을 가리키는 말이다. 힌두교는 BC 300년 전에는 브라마니즘(Brahmanism)으로 알려졌으나 이후 힌두교로 바뀌었다. 힌두교는 3000년의 긴 역사를 통해 300개 이상의 다양한 언어와 문화적 전통을 아우르는 종교로 다양성을 가진 종교이다(Jones and Ryan 2007, xvii).

이에 반해 이슬람은 힌두교보다 나중에 생겨난 종교이다. 이슬람은 비잔틴 제국과 페르시아 제국 사이에 불안한 지역에서 나타난 종교이다. 당시 기독교가 서아시아로 급속하게 팽창하는 종교였기 때문에 페르시아의 사산(Sasanid) 왕조의 기독교인들은 사산 왕조가 콘스탄티노플처럼 기독교로 개종할 것으로 생각하기도 했다. 그러나 예수가 신이냐 인간이냐의 문제를 둘러싸고 발칸 지역과 아나톨리아 지역에서는 양면성, 즉 예수가 신과 인간의 양면을 가지고 있다고 보았으나, 비옥한 삼각지 지역(이스라엘, 팔레스타인, 시리아, 이라크)에서는 일신, 즉 예수는 신의 성격만 가지고 있다는 생각이 대세였기 때문에 갈등이 존재했다. 여기에 콘스탄티노플에 의한 중동의 기독교인들에 대한 종교적 박해와 아랍인들과 셈족(semitic) 사람들이 종족적으로 서로 가깝다는 생각이 더해져 이슬람을 쉽게 수용했다. 그나마 비잔틴 제국과 페르시아의 전쟁으로 실크로드가 위험에 처하자 홍해와 아라비아의 해상로가 개척되었고 메카(Mecca)가 중요해졌다. 이러한 상황에서 마호메트에 의한 이슬람이 나타나고 이 지역을 이슬람이 지배하였다. 사실 마호메트가 이슬람을 전파하기 전 50년 동안 상인계급이 부유해져 빈부격차가 더욱 심해졌고 과거의 종족 유대나 공동의 부로 인해 개인주의가 만연하고 부자가 가난한 사람에 대해 덜 신경 쓰게 되었다. 코란의 출현은 사막의 분위기에서 나온 것이 아니며 어떤 의미에서 보면 이슬람이 출현한 것은 사회경제관계에 큰 변화가 있었기 때문이다(Hashmi 2012, 182).

힌두교와 이슬람의 불평등 및 빈곤에 대한 인식

힌두교에서는 불평등과 빈곤이 어떻게 인식되는가? 샤르마(Sharma 2012)가 이야기하는 힌두교의 빈곤과 불평등에 대한 입장을 정리하고자 한다. 아울러 이슬람의 빈곤 및 불평등 인식에 대해서는 하사미(Hashmi)의 이야기를 정리하고자 한다.

힌두교에는 비자발적 빈곤과 자발적 빈곤이 있고 다른 측면에서는 비자발적 빈곤과 극빈(destitution)이 있다. 힌두교에서 자발적 빈곤은 산야사(sannyasa) 차원에서 영적인 것을 추구하기 위해 가난이라는 고통을 자발적으로 겪는 것이라고 말한다. 그렇다고 힌두교가 빈곤을 추구한다고 볼 수 없으며 부를 추구하는 것은 당연한 인간의 궁극적인 노력이라고 본다. 가치(purusartha)라고 하는 네 가지 인간 생활의 목적은 부(artha), 의무(dharma), 해탈(moksa), 욕망(kama)이다. 아르타는 물질적 부를 추구하는 것이다. 모크사를 얻기 위해 산야사를 시행하는 것이며 이것은 빈곤의 삶을 영위하는 것이다(Sharma 2012, 166). 집권자는 실업자나 빈곤한 사람들에게는 간접적인 지원을 하지만 미망인, 장애인, 부상자 등 극빈자에게는 직접적인 지원을 한다(Sharma 2012, 166).

모크사는 빈곤의 퇴치와 경감을 하는 방법이다. 빈곤 퇴치 의무는 힌두교에서 아주 보편적이다. 집을 가진 사람은 매일 다섯 가지 희생(pancamahayajnas)을 행해야 하는데 앞의 세 개는 브라만, 조상, 신에 대해 하는 것이고 네 번째 것은 부타야즈나(bhuta-yajna)라는 것으로 살아있는 모든 생명을 존중해야 하고 동물, 새 그리고 영혼들을 위해 먹을 것을 뿌려 놓아야 한다. 다섯 번째 것은 푸르사야즈나(purusa-yajna)라고 부르는 것으로 사람들을 존경해 안락함을 보여주어야 한다(Sharma 2012, 175-176).

카르마(karma) 원칙에 따르면 과거의 행적으로 인해 지금 가난하고 이것은 피할 수 없는 것이다. 따라서 지금 현재 가난하다고 해도 선을 행하면 다음에 좋은 세상에서 살 수 있다는 것이다. 힌두교는 개인이 피할 수 없는 고난들을 마땅히 받아들여야 할 결과로 보는 것이다(Sharma 2012, 172-173).

그리고 계급에 충실해야 한다. 인도에서 카스트는 자티와 구별된다. 특권은 '다시 태어나는(twice-born: dvijas) 계급'에게 주어진다. 와스프(wasp)라는 하는 말도 드비자(dvija)에서 나왔다고 말할 수 있다(Sharma 2012, 168). 특히 마누법전은 계급 간의 구별을 확실히 하고 있어서 능력 있는 수드라 계급이라 하더라도 부를 축적해서는 안 되고 그 이유는 수드라가 부자가 되면 브라만을 괴롭히게 되기 때문이라고 보고 있다(Sharma 2012, 168).

인도에서 카스트(caste) 제도는 인도 고유의 불평등을 야기시키는 문제로 남아시아에서 여전히 지속되고 있는 문제이다. 카스트제도의 근원은 리그베다(Rigveda)의 91번째 찬송가(hymn)에 나오는 4개의 바르나(varna)이다. 브라만(Brahmin), 크샤트리아(Kshatriyas)로 알려진 라자니야(Rajanya), 바이샤(Vaishya), 수드라(Shudras)가 있다. 여기에 인류학자나 사회학자들 사이에서 불가촉천민(untouchables)으로 번역되고 달리트(Dalits)로 잘 알려진 아쉬프리샤야(Ashprishyas)가 있다(Kumar 2014, 36). 이러한 사회구조에서 권리와 특권의 불평등한 분배는 종교적 정통성을 가지고 인도사회에 극심한 불평등을 야기시키고 있다(Kumar 2014, 36). 달리트는 헌법에서는 지정카스트(Scheduled caste)로 알려져 있고 정치적으로는 달리트로 통한다. 2001년 인구조사에 의하면 약 1억 7천만 명 정도이다.

<표 1> 인도의 지정카스트와 지정부족 인구와 비율, 1991-2011년

인구	단위	1991	2001	2011
전체 인구	천만(Crore)	84.6	102.9	121.1
지정카스트	천만	13.8	16.7	20.1
지정카스트의 인구비율(%)	%	16.3	16.2	16.6
지정부족	천만	6.78	8.4	10.4
지정부족의 인구비율(%)	%	8.0	8.2	8.6

출처: CSO(2018).

불가촉천민 출신으로 인도해방운동의 선구자였던 암베드카르(Ambedkar)가 어렸을 때 이발사가 머리 깎기를 거부하고 길가의 커피가게에서는 못 들어오도록 하여 굴욕을 겪었다고 이야기한 적이 있다. 암베드카르는 민주주의가 카스트 제도를 해체시킬 것이라고 믿었지만 그런 일은 일어나지 않았다(Luce 2008, 13). 카스트의 의식(ritual)과 경제적 뿌리는 잘려 나갔지만 카스트는 정치적 아이덴티티로서 여전히 살아 숨 쉬고 오늘날의 인도를 괴롭히고 있다(Luce 2008, 14). 오늘날의 하위 카스트들은 카스트 제도를 폐지하는 것을 추구하지 않고 카스트 내에서 지위 상승을 추구한다(Luce 2008, 14).

인도는 독립 이후 67년 동안 상위카스트가 지배했다. 네루는 브라만 카스트이고 라오(Narsimha Rao), 바지파이(Atal Bihari Vajpayee) 등도 브라만 카스트였고, 이들이 인도를 지배했다. 2014년 당선된 모디(Narendra Modi)는 어떤 카스트인지 명확하지는 않지만 상위카스트에 속하는 것은 확실하다(Kumar 2014, 41).

카스트 제도는 파트롱-클라이언트 관계를 지속시킨다. 파트롱이 클라이언트를 경제적으로 지원해주면 클라이언트는 파트롱을 정치적으로 지지해주는 일종의 교환관계 체제라고 할 수 있다. 만사브다르(mansabdars)에서 자민다르(zamindars)에 이르기까지 파트롱-클라이언트 관계를 이루고 있었다. 마을 차원에서는 화폐와 관련된 관계가 아닌 자즈마니(jajmani) 관계가 형성되어 있었다(Robb 2002, 113; 이양호 2009, 76). 자즈만은 브라만 계급이나 자티(jati)로 지주라고 할 수 있다.

그러면 이슬람에서는 어떤가?

이슬람에서는 빈곤에 직간접적으로 영향을 미치는 것이 자카트(zakat)와 스왐(swam)이다. 자카트는 부자가 가난한 사람에게 베풀어 주는 일종의 자선(alms)이며 스왐은 라마단 기간에 하는 단식(fastong)으로 극빈자들을 돕는 것이다. 아울러 와크프(waqf)라는 제도를 두어 무슬림이 재산을 사회에 환원하도록 하여 무슬림 박애를 실천하고 있다. 지난 13세기 이러한 것들이 시행되어 왔지만 무슬림이 세계 극빈 인구의 많은 부분을 차지한다는 점에서 빈곤의 문제가 최근처럼 심각한 문제가 된 적이 없었다(Hashmi 2012, 180). 그러나 코란은 왜 빈곤해졌는지에 대한 문제에 접근하지 않았던 데 반해 어떻게 빈곤을 해결할 수 있을 것인가에 신경을 썼다(Hashmi 2012, 183).

코란에는 땅과 하늘의 지배를 뜻하는 도미니온(dominion)은 신의 소유물이라고 되어 있다. 도미니온은 아랍어의 물크(mulk)를 번역한 것으로 이것은 소유, 통치를 의미한다. 이것은 역사적으로 신이 지상의 궁극적인 소유주이며 신만이 완전하고 불가침의 처분권을 가지고 있는 것으로 해석되었다(Hashmi 2012, 183). 코란은 부를 축적하지 말아야 한다고 적시하지 않고 있어 무슬림은 부를 축적할 수 있다. 그러나 하디스(hadith)는 개인의 재산권에 대한 제재에 대해 말하고 있다(Hashmi 2012, 184). 재산권으로 인해 사회불평등이 필연적으로 나오는데 코란은 그러한 불평등은 생의 도덕적 시련의 일부라고 생각한다(Hashmi 2012, 184). "신은 당신의 지위를 다른 사람보다 높여서 신이 당신에게 준 선물로 당신을 시험할 것이다(Q. 6:165). "신은 그분이 마음에 들어 하는 자에게는 일용할 양식을 더하거나 줄이느니라. 풍요를 허락한 자들은 이 세상에서 즐기지만 이 세상은 내세에서는 아무런 위안이 되지 않느니라"(Q. 13:26). 하디스는 가난한 사람이 부자보다 천국에 먼저 들어갈 것이라고 말하고 천국에 있는 사람들 대부분이 지상에서 가난한 사람들이라고 이야기한다. 부자의 부는 정당한 방법으로 취득했어도 구원에는 장애가 된다. 부가 자선과 자카트로 깨끗이 정화되어야 한다. 어원이 z-k-y에서 유래된 자카트는 '순화하다', '정당화하다'라는 의미를 가지고 있다. 어원인 z-k-y는 '번영하다', '증가하다', '성장하다'의 다른 의미도 가지고 있다. 따라서 영혼의 안녕뿐만 아니라 물질적인 번영도 증가시킨다는 의미를 가지고 있다(Hashmi 2012, 185). 코란은 분배적 정의에 대해서도 이야기하고 있다. "신이 신의 사도에게 내려준 것은 시민들의 재산으로 신의 소유물이며 부가 당신의 부 가운데서 흐르지 않도록 친척과 고아, 궁핍한 사람과 여행자에게 속하느니라"(Q. 59:7). 자카트는 부가 순환되게 하기 위한 방법이기도 하지만 탐욕을 억제하는 방법이기도 하다(Hashmi 2012, 186). 이슬람에는 의무적인 자선도 있지만 자발적인 자선도 있다. 사다카(sadaqa)는 의무적인 자선세(alms tax)인 자카트와 구별되는 자발적인 자선을 의미한다(Hashmi 2012, 195).

코란에는 누가 빈곤한 사람인지를 보면 고아(yatama), 궁핍한 자(masakin), 여행자(ibn al-sabil), 거지(sailin) 등이다. 코란은 빈곤한 사람과 궁핍한 사람을 푸카라(fuqara)와 마사킨(masakin)이라는 용어를 사용한다. 자선(sadaquat)은 빈곤한 자, 궁핍한 자, 노예처럼 일하는 자, 부채에 시달리는 자, 여행자에게 돌아간다. 자카트는 부자(aghniya)에게서 받아서 가난한 사람(fuqara)에게 주는 것이다(Hashmi 2012, 187).

자카트와 관련하여 어느 정도까지 받아야 하는지의 한계인 니사브(nisab)도 있다. 가축에 대한 니사브는 5마리 낙타, 30마리 소 등이다. 돈, 보석, 상품 등 자산에 대해서는 안 보이는 부(hidden wealth)라고 할 수 있으며 니사브는 금 20디나르(dinars)(약 85그램), 은 200디르함(dirhams)(약 595그램)으로 정해져 있다(Hashmi 2012, 188). 자카트를 걷는 정부의 역할은 9세기 이후 감소되어 왔고 자카트는 도덕적 자선이며 의무이자 개인적인 경건한 행위로 간주되어 왔다. 공동체 지도자 등이 자카트를 걷으며, 어떤 사람이 지원을 받아야 하는지는 지방공동체가 결정한다. 무슬림 국가들에서 자카트가 공식적으로는 정부 기능으로 부활되었지만 즉, 중앙집권화된 관료체제가 자카트를 부과하고 걷지만 지역 자카트 위원회가 지원대상자를 결정한다(Hashmi 2012, 191).

자카트는 빈곤퇴치와 분배정의의 주요 수단이다. 금은은 2.5%로 세금이 책정된다. 가축에 대해서는 동물의 형태와 숫자에 따라 세금이 추산된다. 25마리의 낙타에 대한 자카트는 매 5마리 낙타당 한 마리 양이다. 25-35마리 낙타에 대해서는 1-2년생 암컷 낙타, 36-45마리 낙타에 대한 자카트는 2-3년생 암컷 낙타 한 마리 등으로 정해져 있다. 농업에서는 자연적으로 물을 받는 토지에 대해서는 10%, 관개수로가 필요한 토지에 대해서는 5%이다(Hashmi 2012, 201).

와크프(waqf, 복수 awqaf)는 이슬람 역사에서 부자가 자선기금을 마련해 가난한 사람에게 주는 것이다. 코란이나 하디스에는 직접적인 연원을 찾아볼 수 없다(Hashmi 2012, 196). 와크프를 통해 가난한 사람들이 공공 식당에서 먹는다거나 목마른 사람이 공공 우물에서 물을 마신다거나 모스크 학교에서 어린이를 교육시킨다거나 병자가 병원에서 치료받는 것이 가능하다(Hashmi 2012, 196). 오토만 제국 시기에는 남용을 막기 위해 와크프가 중앙행정 부서의 관할권으로 편입되었다. 현재의 무슬림 사회에서 지난 세기들보다도 빈민구제에 큰 역할은 하지 못하고 있다(Hashmi 2012, 197).

코란은 이자를 의미하는 리바(riba)를 금지하고 있다. 모든 형태의 이자를 금지하고 있는 것이다. 코란에서의 리바는 현대적 의미의 이자는 아니지만 과도하게 빚이 늘어나 원금조차도 갚지 못하는 것을 방지하기 위한 것이다. 대신에 이슬람에서는 무다바라(mudabara)와 무샤라카(musharaka)로 알려진 이윤손실 공유가 제시되었고 제3의 대안인 무라바하(murabaha)로 통합 대치되었다. 이자를 받는 것이 아니고 은행의 보유는 잠정적이어서 이름뿐인 이자거래라고 할 수 있다. 이란, 파키스탄, 수단만이 전통적인 이자를 불법화시켰다(Hashmi 2012, 200).

그러면 역사적으로 이 지역은 어떤 과정을 겪었는가를 살펴보자. 이슬람 지역은 마호메트 사후 제1차 내전, 제2차 내전에서 알리(Ali)의 후손들이 패배하면서 시아파, 순니파의 갈등도 심화되었고 지금까지 갈등이 지속되고 있다. 이 지역은 우마야드 왕조(Umayyard dynasty: 650-750), 아바시드 왕조(Abbasid dynasty: 750-1250)를 거치며 오토만 제국(Ottoman empire: 1450-1920)에까지 이른다.

이 지역에서 밀레(millet) 제도가 만들어졌다. 밀레는 코란에 나오는 아브라함의 사람들 또는 국가의 사람들로서 비무슬림뿐만 아니라 다른 종족과 종교의 모든 구성원을 가리킨다(Tas 2014, 499). 오토만 제국은 밀레 제도를 최후까지 개혁하려 했지 폐지하려고 하지 않았다(Aber Jaber 1967,

213). 밀레 제도는 사회를 분열시키는 역할을 했고 통합을 저해하였다고 평가되고 있다(Aber Jaber 1967, 223).

아울러 비무슬림을 의미하는 디미(dhimmi)에 대해서는 자율권을 주는 제도를 시행하였다. 그러나 디미는 차이를 나타내는 말이다. 무슬림은 기독교인과 유태인을 성서의 사람들(the People of the Book) 또는 무하메드 앞에서 신의 구원을 받은 디미로 간주한다. 그러나 디미는 신의 메시지를 일부만 받기 때문에 무슬림과 다르고 무슬림보다 열등하다고 보는 것이다(Karavaltchev and Pavlov 2011, 23). 디미에게는 특별세부과와 노동부과가 행해지고 자유도 제한되었다(Karavaltchev and Pavlov 2011, 25). 이슬람은 무슬림과 비무슬림 간의 평등을 인정하지 않았다. 디미로 불리는 사람들은 정치적, 사회적, 종교적으로 차별받았다(Aber Jaber 1967, 223).

아마 불평등의 제도로서 데브쉬르메(devshirme)가 있었을 것이다. 과거에는 전쟁 포로의 1/5을 술탄의 노획물로 데려가 군사복무를 하게 하는 펜식(pençik)이라는 제도가 있었다(Yilmaz 2017, 181). 데브쉬르메는 '피의 세(blood tax)'를 부과하는 제도로, 세금을 내지 않으면 특히 변경 지역에 사는 기독교도인들의 8-18세 아이들을 잡아가서 이슬람으로 개종시키고 군사훈련을 시키는 것으로 제도로 정착되었다. 15세기 말과 16세기 초에 12-15세의 아이들을 세금으로 데려갔고 평균 나이는 13.5세였다. 1603년에는 피의 과세를 20세까지로 늘렸기 때문에 평균 나이는 16.5세로 증가했다. 이러한 증가는 군 수요 증가 때문이었다(Yilmaz. 2017, 185). 오토만 사회에서 밀레 제도를 정착시켜 디미에게 자율권을 부여했지만 사실상의 차별을 제도화하는 것이었다.

게다가 티마르(timar) 제도는 대토지 소유제를 가능하게 하여 농민들의 생활은 더욱 어렵게 되었다고 볼 수 있다. 군 조직은 티마르에 기초한 시파히스(sipahis)와 데브쉬르메에 기초한 카피쿠루스(kapikulus)를 기초로 하였다(Yilmaz. 2017, 184). 그러면서 이들 중 많은 사람들이 에니세리(janissary)가 된다. 특히 시파히스라는 사람들은 봉토도 받는다. 티마르 제도는 1451년에 시작되어 16세기 말에 끝났다. 오토만 제국에서 토지소유제도는 하라치(harach), 우쉬르(ushur), 미리(miri) 세 개로 나뉘었다. 남동유럽은 미리 체제에 속하며 티마르 제도의 근원이 되었다(Miljkovic 2014, 36). 오토만 제국의 토지는 티마르, 지메트(zeamets), 하스(hasses)로 나뉘는데 하스는 직위에 달려있고 티마르, 지메트는 개인에게 달려있다. 티마르로부터의 소득은 19,999아크체(akches), 지메트는 20,000-99,999아크체, 하스는 100,000아크체였다. 1500년에 아크체는 은 0.78그램이었다(Miljkovic 2014, 37).

민주주의는 근대 이전 이슬람에서 정치언어의 일부를 형성하지 못했다. 그렇지만 정의(adl)와 박해(zulm)는 무슬림 사상가들의 주요 관심사였다. 파라비(al-Farabi)와 이븐 루세드(Ibn Rushed)가 민주주의 주제를 직접 다루었지만 이것은 플라톤(Platon)의 정치철학을 이슬람 사회에 전파하려는 시도로 보아야 한다. 그러면서 이들은 민주주의에 대해 비판적으로 보았다. 플라톤의 민주정체(democratic polity)에 대응하는 아랍 번역은 빌려온 단어인 디무크라티야(dimuqratiyah)라기보다는 마디나 자마이야(madinah jamaiyah)로 집단국가(collective state)를 의미한다(Jahanbakhsh 2001, 20). 이 용어는 사실상 완전한 국가(perfect state)에 가깝다(Jahanbakhsh

2001, 21). 19세기에 와서야 민주주의라는 개념이 무슬림 학자들의 관심을 끌었지만 중세 번역어인 자마이야(jamaiyah)를 사용하지는 않았다. 19세기에 라이야(raaiyah)와 파우다(fauda)가 사용되었지만 그 기간은 아주 짧았고, 공화국을 의미하는 주므후리야(jumhuriyah)가 자주 사용되었다(Jahanbakhsh 2001, 22). 19세기에 민주주의는 그리스의 언어인 샤브(shab)로 통용되었다(Jahanbakhsh 2001, 23). 19세기 말에 민주주의는 아랍언어로 디무크라티야가 자리를 잡았고 주므후리야와는 구별되었다. 물론 이슬람에서도 민주주의의 요소인 자유(hurriyah), 평등(musawat), 협의(shura), 공공 동의(bayah)도 있다(Jahanbakhsh 2001, 23). 평등을 의미하는 무사와트(musawat)는 그 어원이 사위야(sawiyah)이고 정치적 의미를 가지고 있지 않았다. 무사와트에서 나온 단어가 피크흐(fiqh)로 법적 판단, 관할권을 의미한다. 평등은 아라비아어로 무사와트(musawat), 페르시아어로 바라바리(barabari), 터키어로 무사바트(musavat)가 평등의 정치적 개념으로 사용된다(Jahanbakhsh 2001, 32-33).

불평등과 민주주의

민주주의 국가에서는 불평등 수준이 높으면 투표권을 가진 중하위층이 재분배를 선호하게 되고 결국 재분배가 이루어져 불평등이 감소할 것으로 추정할 수 있다. 민주주의와 불평등을 연결하는 고리로 재분배를 주장하는 재분배론자(redistributionists)의 경우 멀쩌와 리처드(Meltzer and Richard 1981, 924)의 중위권 투표자(median voter) 논리가 주류를 이루고 있다. 소득이 낮은 유권자는 높은 세율과 더 많은 재분배를 요구하는 반면 소득이 높은 유권자는 낮은 세율과 더 적은 재분배를 요구한다는 논리이다. 이러한 재분배 논리에 찬성하는 논리들을 보면 아세모글루와 로빈슨(Acemoglu and Robinson 2006, 23-26)은 엘리트 입장에서 소요나 폭동 등을 우려하여 재분배 정책을 추진하는 것이 대안이라고 보았다. 보아(Boix 2003, 37)는 경제 불평등은 민주주의 체제에서 재분배 수요를 증가시키고 가난한 사람이 상층의 수준에 근접하게 되면 경제적 긴장은 감소하고 부자는 민주체제를 수용하는 경향이 증가한다고 주장한다.

이러한 재분배 논리에 반대하는 안셀-사뮤엘스의 엘리트 경쟁 접근방법(elite-competition approach)은 불평등이 증가하면서 재분배는 감소한다고 보는 논리이다. 가난한 사람도 나중에 부자가 될 수 있기 때문에 재분배에 찬성하는 것은 아니라는 입장이다(Ansell and Samuels 2014, 4-6). 특히 1880년 지니계수 0.24였던 중국과 1867년 지니계수 0.5였던 영국 중 어느 국가에서 민주주의가 더 나타날 가능성이 높으냐는 문제를 제기하면서 보아 모델이라면 중국, 아세모글루-로빈슨 모델이라면 19세기 영국이었을 것이라고 평가하였다.

문제는 비민주국가인 권위주의 국가에서 특히 소득불평등과 민주주의가 어떤 관계를 가질 것이냐의 문제가 있다. 멀쩌와 리차드의 경우 중위권 투표자가 중요하다고 강조하면서도 결정적 개인이 독재자, 절대 군주나 준타(junta)의 일부일 수 있다고 말한다(Meltzer and Richard 1981, 924). 그러나 독재정권이나 군사정권에서도 보통선거제를 도입하고 있어 멀쩌와 리차드의 논리가 이들 체제에서도 적용될 수 있을지 논란이 될 수 있다. 아세모글루와 로빈슨(Acemoglu and Robinson 2006, 37)은 불평등이 심한 사회일수록 엘리트들의 재분배 부담은 커지기 때문에 여기에 저항하게 되고 불평등은 감소하지 않는다고 보았다. 보아(Boix 2003, 84)에 의하면 소득불평등 감소는 민주적 전환(democratic transition) 가능성을 증가시키며 소득불평등은 민주주의 도입에 장애가 되거나 기존 민주주의 정권을 위태롭게 한다.

권위주의 국가의 경우 재분배를 둘러싼 "사회계약(social contract)" 논리, "지대국가(rentier state)" 논리, "경쟁적 권위주의(competitive authoritarianism)" 논리가 있다. 이러한 논리들은 독재자가 권력을 유지하고 독재를 항구화시키기 위해 사회보장과 같은 혜택을 제공하면 국민들도 독재를 묵인한다는 논리들이다. 레비스키와 웨이(Levitsky and Way 2002)는 권위주의 국가에서 형식적으로 선거 등을 도입하여 민주주의의 외형을 가지지만 여전히 권위주의는 벗어나지 못한다고 지적한다. 아울러 사회계약 논리는 다수인 가난한 사람들이 폭동이나 소요를 일으키지 않도록 하고 정치를 지지하는 대신에 고용이나 사회보장 등을 통해 사회생활을 영위할 수 있게 해준다는 논리이다(ESCWA 2015, 62). 그러나 후진국의 경우 선진국과 달리 재분배율이 상당히 낮은 편이다. 그렇지만 민주화는 재분배 등의 압력을 발생시키고 권력자의 입장에서도 사회계약 차원에서 고용 등을 제공할 것이기 때문에 소득불평등과 빈곤은 감소하게 될 것이다. 소득불평등과 민주주의는 사실상 서로 밀접한 관계를 가지고 있다고 생각되지만 상호관계를 단정적으로 말하기에는 논란이 많은 것도 사실이다. 그러나 민주주의가 발전하기 시작하는 단계에서는 불평등이 오히려 높아질 수 있지만 민주주의가 공고화되고 정착되면 장기적으로 불평등이 낮아질 것이라고 예견할 수 있다.

권위주의는 한 명이나 소수가 예견된 범위에서 권력을 행사하는 체제이다(Linz 2000, 159). 이라크 등 중동국가에 대한 보아(Carles Boix)의 평가를 보면 "부패한 좌파독재(corrupt Left-Wing Dictatorships)"가 반복되어 일어난다고 지적한다. 독재자나 왕이 진보적 세력의 대중혁명에 의해 밀려나고 좌파가 정권을 잡지만 이들이 우파독재와 같아지고 결국 다시 인민의 분노와 내전을 겪게 되고 다시 새로운 포악한 엘리트들을 선거로 선출한다는 것이다. 이러한 악순환이 이라크, 리비아, 시리아에서 나타난다고 보았다(Boix 2003, 217). 보아는 또 안정적 민주주의는 불평등이 낮거나 부가 유동적이거나 과세하기 힘들어야 한다고 지적한다. 극심한 빈부격차는 부자에게 불리한 재분배 정책의 채택으로 이어질 수 있기 때문에 이를 회피하기 위해 투표권을 제한하게 만든다. 이라크에서 부유한 석유 생산자들인 지배엘리트들이 왜 정부 기구의 자유화에 저항하는지를 설명해줄 수 있다(Boix 2003, 57-59).

그렇지만 아세모글루와 로빈슨(Acemoglu and Robinson 2006, 26)에 따르면 비민주국가에서는 엘리트들은 시민들에게 오늘의 의식주뿐만 아니라 내일의 의식주도 챙겨주어야 한다. 이라크에서 권위주의 체제를 유지하고 지배의 정통성을 획득하기 위해서는 국민들에게 생필품을 제공해주고 고용을 증대시켜 혁명과 정치 불안을 감소시키는 것이 필요하다. 이를 위해 석유 등 자원으로 얻어진 이익을 사용한다. 따라서 자원을 통해 독재를 유지하는 지대국가적 권위주의(rentier state authoritarianism) 성격을 가지게 된다. 쉬워쯔(Schwarz 2013, 40-41)에 따르면, 지대국가는 지배자들이 풍부한 석유수입을 이용하여 분배적 능력을 증가시켜 정치지배를 사유화하는 현상을 말한다. 아울러 고용과 사회안전망을 제공하여 권위주의 체제를 유지한다는 점에서 사회계약적 권위주의(social contract authoritarianism)라고 할 수 있다. 사회계약은 아담(Adam 1991, 2)에 따르면 정권이 일자리, 사회프로그램, 분배 등을 통해 먹고사는 문제를 해결하는 대신 사람들은 저임금에도 불구하고 정권에 저항하지 않는 것을 의미한다.

그리고 정치적으로는 외형상 선거를 통해 정치참여를 증대시키는 것이 필요하다. 권위주의 체제하에서 독재자는 탄압을 통해 권력을 유지하지만 사람들이 독재자를 지지하는 것처럼 거짓말을 하기 때문에 자기에 대한 진정한 지지 수준을 모르는 독재자의 딜레마(dictator's dilemma)에 빠지게 되며 자신에 대한 지지를 알기 위해 자유 토론을 허용할 수 있다(Clark et al. 2018, 370). 외형적으로 선거제도를 허용하여 정치참여를 증가시키면서 권위주의 정권을 유지하는 경쟁적 권위주의의 성격을 가지게 되었다. 경쟁적 권위주의는 레비스키와 웨이(Levitsky and Way 2002, 12)에 따르면 권위주의를 유지하기 위해 외형적으로 최소한의 민주주의를 시행하는 것을 말한다. 도즈(Dodge 2013, 243)는 2003년 미국 침공 후 미국에 의해 부과된 민주주의(imposed democracy)에서 말리키(Maliki) 정권 시기 경쟁적 권위주의가 부상했다고 이야기한다. 결국 이러한 세 가지 논리들은 이라크에서 정권을 유지하면서 정통성도 가져야 하는 권위주의 정권의 딜레마를 잘 설명해 줄 수 있다.

이들 국가들의 대의정부 수준을 보면 인도가 가장 높고 방글라데시, 이라크 파키스탄은 변동이 심했다. 이란은 계속 낮은 수준을 유지하고 있다. 대의정부는 0에서 1까지로 깨끗한 선거, 정당 자유, 선출된 정부, 포용적 선거를 지표화한 것이다.

〈그림 1〉 대의정부 수준

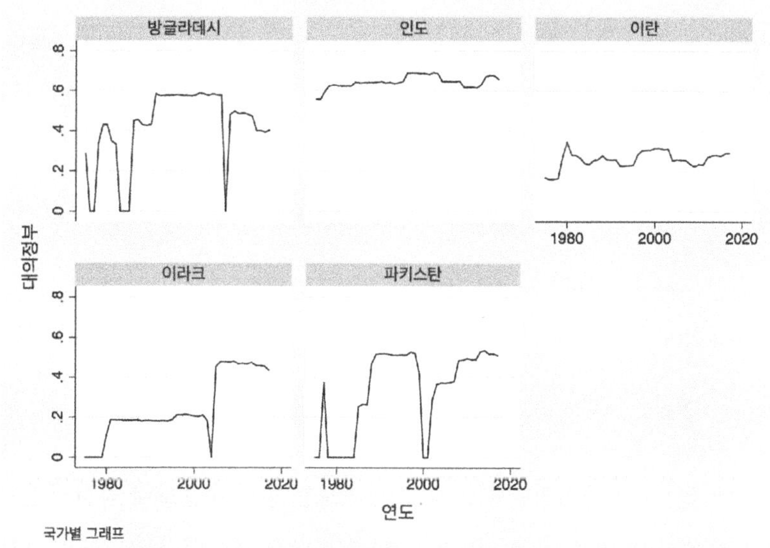

출처: IDEA.

이들 국가들에서 기본복지는 꾸준히 증가되어 왔다. 이란이 가장 가파르게 증가되어 왔고 파키스탄은 아주 느리게 증가되어 왔다. 기본복지도 0에서 1까지로 유아사망률, 기대수명, 1인당 킬로칼로리, 문자해득률, 평균학교 수업 연한수 등을 지표화한 것이다.

<그림 2> 기본복지의 증가

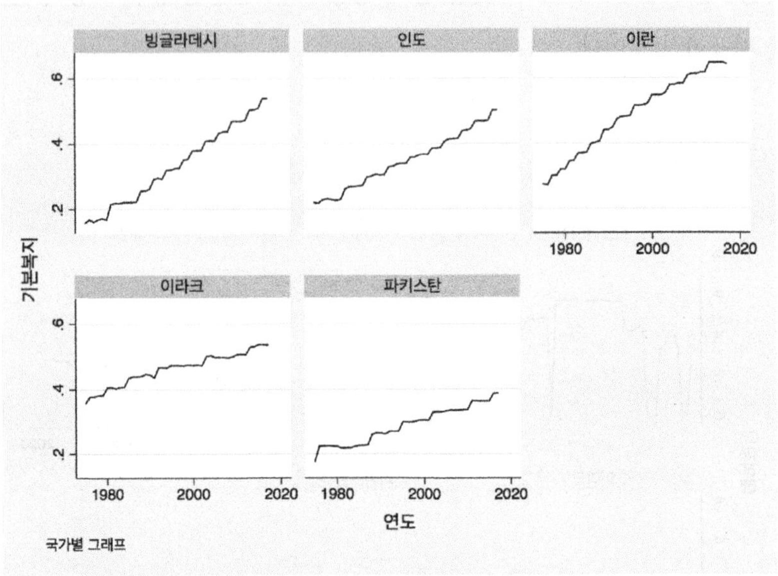

출처: IDEA.

이들 국가에서 사회집단 평등을 보면 인도는 중간 수준보다 약간 좋은 상태로 지속된 데 반해 다른 국가들은 상당히 낮은 편이었다. 사회집단 평등은 0에서 1까지로 사회계급, 시민자유에 관한 집단불평등, 정치권력분배, 취약사회집단의 대표성을 지표화한 것이다.

<그림 3> 사회집단 평등

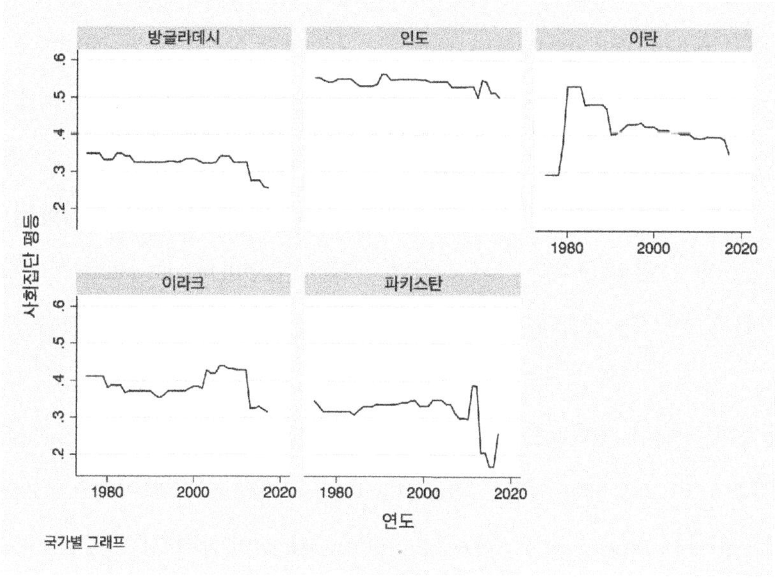

출처: IDEA.

기본소득을 세계에서 처음으로 실시한 힌두지역과 이슬람 국가

기본소득제를 처음으로 국가적으로 또는 지방에서 전면적으로 실시하기 시작한 것은 유럽이 아니라 힌두교와 이슬람지역이다. 이들 지역은 기본적으로 공공분배제도(PDS: Public Distribution System)가 국민들의 식량이나 유류에 대해 가격 지원 등을 하는 제도를 가지고 있었다. 아울러 사회계약적 차원에서 기본 생활을 영위할 수 있도록 보장하는 것으로 이라크에서는 권위주의가 지지 확보를 위해서 시행한 것이었고, 인도에서는 특히 농민들의 생활이 경제위기로 어려움에 처하자 선거에서 이기기 위해 여당인 인도인민당(BJP: Bharatiya Janata Party)뿐만 아니라 야당인 인도국민회의당(INC: Indian National Congress)에서도 주장하고 실행하게 된 것이다.

기본소득제는 모든 사람이 살 수 있는 권리를 가지고 있다는 원칙에서 정부가 국민들의 기본적 경제안전을 보장하는 프로그램이다(Sheahen 2012, 3). 기본소득은 개인에게 자산조사(means-test) 없이 현금으로 지불되며 보편적인 급여의 성격을 가지고 있다. 토마스 페인(Thomas Paine)은 1795년에 저술한 『농업정의(Agrarian Justice)』에서 모든 국가에서 국가기금으로 모든 사람에게 21세가 되었을 때 15파운드를 주고, 50세 이상 되는 사람에게는 매년 10파운드를 노후를 위해 주자고 주장한 바 있다(Sheahen 2012, 5-6). 최근에는 밀턴 프리드먼(Milton Friedman)의 마이너스 소득세(Negative income tax), 앳킨슨(Anthony Atkinson)의 참여소득(participation income), 방 파리즈(Van Parijs)의 기본소득 등이 논의되어왔다(Francese and Prady 2018, 6). 기본소득은 보편적으로 현금으로 지원되는 것으로 방 파리즈와 반데르보로(Van Parijs and Vanderborght 2017, 136)는 대략 1인당 GDP의 25%를 제시하고 있다. 밀턴 프리드먼이 주장한 NIT(Negative Income Tax)는 복지함정을 조금 완화시키는 방안이다. 인도의 경우 최저임금 상한(cut-off)이 4만 루피이고 NIT가 월 수준 50%로 정해졌다면 한 달에 2만 루피를 버는 사람은 정부로부터 1만 루피를 받는다. 월 35,000루피를 받는 사람은 정부로부터 2,500루피를 받는다. 따라서 이것은 모두 동일하게 받는 기본소득제와는 다르다(Mohan 2019).

프란세즈와 프라디(Francese and Prady 2018, 6)에 따르면 토마스 페인의 땅지대(ground-rent), 프리드먼의 마이너스소득세, 앳킨슨의 참여소득, 방 파리즈의 기본소득 개념에 대한 차이가 있다. 사회보장을 대체할 것인지 아니면 보완할 것인지, 보편적으로 지급할 것인지, 무조건적으로 지급할 것인지, 현금급여로 줄 것인지 등에서 차이가 난다. 진정한 기본소득은 무조건적으로 현금을 보편적으로 주는 것이라고 할 수 있다.

〈표 2〉 토마스 페인. 프리드먼, 앳킨슨, 방 파리즈의 논리 차이

	상호대립적 입장	
배타성	사회보장 대체	사회보장 보완
	Friedman, Paigne	Van Paris, Atkinson
정기성	일회성	정기소득
	Paigne	Van Paris, Atkinson, Friedman
커버리지	범주적	보편적
	Paigne	Van Paris, Atkinson, Friedman
선정기준	조건부	무조건적
	Atkinson	Van Paris, Friedman,
수혜단위	가구	개인
	Friedman	Van Paris, Atkinson
분배형태	세제혜택	현금급여
	Friedman	Van Paris, Atkinson

출처: Francese and Prady(2018); 박홍규 외(2018).

인도에서 최근 기본소득제를 시행하는 것으로 결정하였다. 인구 약 61만 명인 시킴(Sikkim) 주에서 2022년까지 시행에 착수하겠다고 밝혔다. 시킴 주는 인도 전체 빈곤율 30%에 비해 낮은 약 8%의 빈곤을 기록하는 주이다. 아울러 '한가족 한직업(One Family, One Job)'을 추진한 주이다. 텔랑가나(Telangana) 주에서는 현금지원 프로그램인 농민투자지원(Rythu Bandhu scheme)을 통해 농민들을 지원하였고 TRS(Telangana Rashtra

Samithi)당이 선거에서 이긴 적이 있다. 집권당인이자 2019년 선거에서도 승리한 BJP의 모디(Modi) 수상도 기본소득제를 시행하는 것으로 밝혔다. 원래 인도 정부는 2017년 1월 발간된 〈경제서베이 2015-2017(Economic Survey 2016-2017)〉을 통해 기본소득을 연구하였으며 집권 여당이나 야당이 기본소득을 주장하고 있기 때문에 전국적으로 실시될 것이다.

물론 인도에서 기본소득제의 근간이 된 것은 그동안 식량과 유류 등 생필품에 대해서는 공공분배제도를 시행해오고 있었기 때문이다. PDS가 가장 큰 프로그램이고 다음이 마하트마 간디 농촌고용보장제(MGNREGS: Mahatma Gandhi National Rural Employment Guarantee Scheme) 등 대부분의 프로그램이 15년 동안 시행해온 데다가 절반은 50년 이상 되었다. 아울러 각종 재분배 프로그램을 가지고 있었다. 약 950여 개의 프로그램이 GDP의 5%를 차지하고 있었고 이 중 상위 10개 프로그램이 프로그램 전체 예산의 50%를 차지한다(GOI 2017, 177). 기본소득제 실시의 합리화를 위한 정통성은 마하트마 간디의 "모든 사람의 눈물을 닦아준다(wiping every tear from every eye)"는 말에서 찾고 있다(GOI 2017, 23).

이란은 처음에 기본소득제라는 용어를 사용하지 않았지만 실제 기본소득제를 전국적으로 시행함으로써 세계적으로도 첫 번째 기본소득제 시행 국가이다. 반데르보로(Vanderborght 2011)도 기본소득제를 처음 시행한 것은 유럽이 아니라 중동국가라는 점을 강조하고 있다. 이란 인구의 81%인 6,500만 명이 약 80달러인 81만 리얄(rials)을 받았다. 나머지 19%는 신청을 하지 않은 사람들이다(Vanderborght 2011). 타바타바이(Tabatabai 2012, 17)는 이란의 기본소득제는 통상적으로 이야기하는 기본소득제와 여러 점에서 달라 정확히 '사실상의 기본소득제(de facto basic income)'라고 부르는 것이 좋을 것이라고 이야기했다. 그 이유는 특히 이란에서 기본소득이 아직 권리로서 인정되지 않았고 처음에는 모든 국민들이 기본소득을 받았지만 대통령이 바뀌면서 수혜자 중 부자들은 제외되었기 때문이다. 그럼에도 불구하고 현금 보조로 모든 사람들에게 지급되었다는 점에서 이란은 기본소득을 국가적 차원에서 시행했다고 할 수 있다. 이란에서는 7,500만 명 즉 인구의 95%가 기본소득제에 참여했고 노동을 하지 않아도 현금을 받는 제도였다(Salehi-Isfahani and Mostafavi-Dehzooei 2018, 351).

제2장

인도의 소득불평등과 민주주의 그리고 기본소득제

인도는 세계에서 가장 큰 민주주의 국가

인도는 세계에서 가장 인구가 많은 민주주의 국가로 통용되고 있다. 인도는 식민지 경험을 겪었으면서도 종족, 언어 등 다양한 사회에서 포용적 민주주의(inclusive democracy)를 정착시킨 유일한 국가이다(Hasan 2016, 291-292). 아울러 인도는 힌두교 80%, 무슬림 14.2%, 기독교인 2.3%, 시크교도 1.7%, 자이나교도 0.4%, 불교도 0.8%를 차지하여 이러한 사회적 다양성이 다원주의(pluralism)의 기초를 이루었다(Basu 2018, 36). 다양성은 인도인들이 인도인이라는 전체 차원에서 자신들을 생각하는 것이 아니고 각자의 소속감을 먼저 생각한다는 것을 의미한다. 샤르마(Sharma 2019, 105)에 따르면 인도인들은 자신들을 벵골인, 구자라트인, 타밀인이라고 먼저 생각하고 인도인은 두 번째이다. 또한 인도는 전통적인 인도(바라트: Bharat)와 현대적인 인도(인디아: India)가 공존하는 국가이다.

인도는 다양성에도 불구하고 오랫동안 빈곤한 국가로 인정되다가 최근 경제성장에 힘입어 세계 경제 강국으로 등장하고 있다. 인도는 경제성장률이 7.5%에 달할 정도로 급속하게 성장하는 G20 국가 중 하나이다(OECD 2017, 14). 독립 이후 사회주의 국가를 헌법에 명시하기도 했던 인도에서 빈곤퇴치와 소득불평등 해소의 문제는 주요한 과제일 수밖에 없었다. 인도에 변화가 시작된 것은 1991년이다. 그 이전에는 사회주의정책을 추진했다면 그 이후에는 자유화정책을 추진하였다고 평가된다. 1980년대 개혁이 '스텔스 개혁(reform by stealth)'으로 소리 소문 없이 진행되다가 1990년대 들어 '폭풍의 개혁(reform by storm)'으로 전면적인 개혁이 시작되었다고 평가할 수 있다. 1978-1988년 GDP 성장에서 구조적 변화가 일어나고 1991-1992년 연 5-6% 성장을 기록하였다(Hari and Hatti 2015, 251). 인도는 1990년과 2015년 사이 1인당 GDP가 5.2% 증가하였다(OECD 2017a, 1).

경제성장은 빈곤을 크게 감소시켰다. 빈곤경감은 직접적인 반빈곤 프로그램이나 보다 더 공정한 소득 분배를 강조함으로써 이루어지기보다는 성장에 의해 가장 잘 달성될 수 있다는 것이 지배적인 견해이다(Subramanian and Lalvani 2018, 136). 바쉬니(Varshney 2017, 42)는 인도가 경제성장을 이룩하면서 저소득층의 복지에 신경 쓰는 양다리(two legs) 전략이 성공하였다고 평가하였다. 1950-1980년에는 경제 성장률이 3.5%, 인구 증가율이 2.5%였고 1인당 GDP 성장률은 1.0%였던 데 반해 1980-2015년에는 경제성장률 6.3%, 인구 증가율 1.8%였고 1인당 GDP 성장률은 4.5%였다. 이러한 성장이 빈곤율도 낮추어 불과 10년도 안 되어 1억 4천만 명을 빈곤에서 탈출시켰다. 인도는 여전히 식량, 에너지, 비료에 대해서는 가격지원을 하고 있고 농촌 지역에서는 노동의 권리(right to work)를 보장하는 세계 최대의 프로그램을 실시하고 있다(OECD 2017, 18).

사실 인도는 '힌두성장률(Hindu growth rate)'과 '네루의 페널티(Nehruvian penalty)' 사이에서 논란이 지속되었던 역사를 가지고 있다. 1950년대와 1960년대 인도의 1인당 소득이 연 1% 정도 성장하는 것을 힌두성장률로 보았다(Basu 2008, 397). 인도의 수상인 맘모한 싱은 2004년 "빈곤에 대한 가장 좋은 처방은 성장이다"라고 강조하였다(Luce 2008, 39). 루스(Luce 2008, 39)에 따르면 인디라 간디 시대에는 인도 가정이 소득을 2배 올리려면 57년이 걸렸는데 맘모한 싱의 시기에는 15년이 걸렸다. 인디라 간디 시대에는 경제가 연 3.5% 증가, 인구 2.3% 증가로 개인소득은 1.2% 증가했다. 맘모한 싱 시대에는 경제가 6% 성장, 인구 2% 증가로 1인당 소득은 매년 4% 증가하였다(Luce 2008, 39). 따라서 힌두성장률의 문제가 제기된 것이다. 힌두성장률은 인도 경제학자 라즈 크리슈나(Raj Krishna)가 붙인 이름으로 거의 30여 년 동안 연 평균 3.5%대의 경제 성장을 한 것이 힌두교 때문이라고 보는 것이다. 아울러 네루가 사회주의적인 정책을 추진하였기 때문에 경제 성장이 늦었다는 '네루의 페널티'라는 말이 나온다. 네루는 바니아문명(bania civilization)을 폄하하고 사회주의가 귀속사회(acquisitive society)의 종식을 가져올 것이라고 이야기하였다. 바니아는 브라만보다 계급이 훨씬 낮은 소상인(petty traders)와 고리대금업자(moneylenders)들이다(Luce 2008, 17). 네루의 벌칙은 인도가 40여 년 동안 3%대의 성장을 하지 못한 것을 비판적으로 보는 시각이다. 각종 규제를 통해 억제하고 라이선스 허가체제(license-permit raj)를 계속 유지했기 때문에 경제가 성장할 수 없었다는 차원에서 비판하는 것이다. 특히 네루의 사회주의적 경제정책을 실현시키는 마할라노비스(Mahalanobis) 모델을 통해 1인당 국민소득을 35년 내에 두 배로 올리려고 했고 그렇게 하기 위해 실질국민소득 3.25% 증가를 예견했다(이양호 2009, 181).

아직도 빈곤을 해결해야 하는 문제는 여전히 남아 있다. 그렇지만 여전히 건강케어에 대한 지출은 GDP의 1%밖에 되지 않을 정도로 아직은 미약한 수준이다(OECD 2017, 18). 노동자의 10% 미만이 사회보장의 혜택을 받고 있을 정도로 아직도 미약한 수준이다(OECD 2017, 21). 1993-1994

년에서 2011-2012년 소비불평등과 생활비 지출을 분석한 알마스와 켈스루드(Almås and Kjelsrud 2017, 102)에 따르면 이 기간 대부분 상대적 가격의 변화는 친빈곤적(pro-poor)이었다고 평가한다. 그러나 1993-1994년과 2004-2005년 사이에는 불평등 증가의 1/3이 사라지지만 2004-2005년 이후에는 상대적 가격 변화가 친부자적(pro-rich)이었다. 인구학자 보스(Ashish Bose)는 인도에서 빈곤한 사람들이 몰려 있는 지역인 비하르, 마디아프라데시, 라자스탄, 우타르프라데시를 힌두어로 '몸이 아프다'라는 의미를 가지고 있는 비마르(bimar)라고 표현하고 있다(Baru 2004, 385). 1991년 경제개혁으로 인도경제가 고성장단계에 들어갔고 소득이나 지출에서의 불평등은 고성장과 함께 증가했고 높은 수준이다. 경제성장을 했지만 빈곤선 이하 인구도 여전히 많은 것이 현실이다. 빈곤율이 감소했지만 빈곤 감소율이 경제 성장률을 따라 잡지 못하고 있다(Sen and Debarati 2018, 158).

빈곤의 해소에는 민주주의가 역할을 했음을 부인할 수 없다. 인도가 1970년대와 1980년대 기아로 고난을 겪은 아프리카보다 1인당 식량 생산이 적은데도 불구하고 기근을 해결한 것은 아마티야 센(Amartya Sen)이 지적하듯 민주주의 덕분이었다(Banik 2011, 90).

식민지배의 상처

인도가 오랫동안 빈곤과 불평등에 시달렸던 요인은 무굴 제국 시대에서부터 영국 식민지 시대로 이어져 내려온 문제와 연결되어 있다. 무굴제국이 등장한 이후 세계 경제의 25%를 차지할 정도로 번성했던 지역이다. 그러나 영국이 지배하면서 인도가 쇠락하기 시작하였다. 1830년 인도가 세계산업생산의 17.6%를 차지하고 있었고 영국은 9.5%를 차지하고 있었던 데 반해 1900년에는 인도가 1.7%였고 영국은 19.6%로 성장했다(Sharma 2012, 161). 이렇게 역전된 것을 어떻게 설명할 것인가를 두고 논란이 있다.

첫째, 낮은 경제성장이 무굴제국에서부터 영국 식민지 시절까지 계속되었다.

영국 식민지를 거치면서 인도와 영국은 큰 차이가 나기 시작했다. 앵거스 메디슨(Angus Maddison)에 따르면 1인당 GDP가 1600년 550달러에서 1857년 520달러로 감소한 반면 영국은 1600년 974달러에서 1857년 2,717달러로 증가하였다.

〈표 3〉 인도와 영국과 거시경제 성과 비교, 1600－1947년

연도	1600	1700	1757	1857	1947
		1인당 GDP(1990년 국제달러)			
인도	550	550	540	520	618
영국	974	1,250	1,424	2,717	6,361
		인구(천명)			
인도	135,000	165,000	185,000	227,000	414,000
영국	6,170	8,565	13,180	28,187	49,519
		GDP (백만 1990년 국제달러)			
인도	74,250	90,750	99,900	118,040	255,852
영국	6,007	10,709	18,768	76,584	314,969

출처: Maddison(2001).

인도에서 1인당 GDP는 1820년 533달러, 1870년 533달러, 1900년 599달러, 1920년 635달러, 1940년 696달러, 1960년 753달러, 1980년 938달러, 1998년 1,746달러였다. 전반적으로 영국 식민지 지배기간 동안 거의 변화

가 없었다. 1인당 GDP가 증가하기 시작한 것은 독립 이후라고 할 수 있다.

〈그림 4〉 인도의 1인당 GDP, 1820-1998

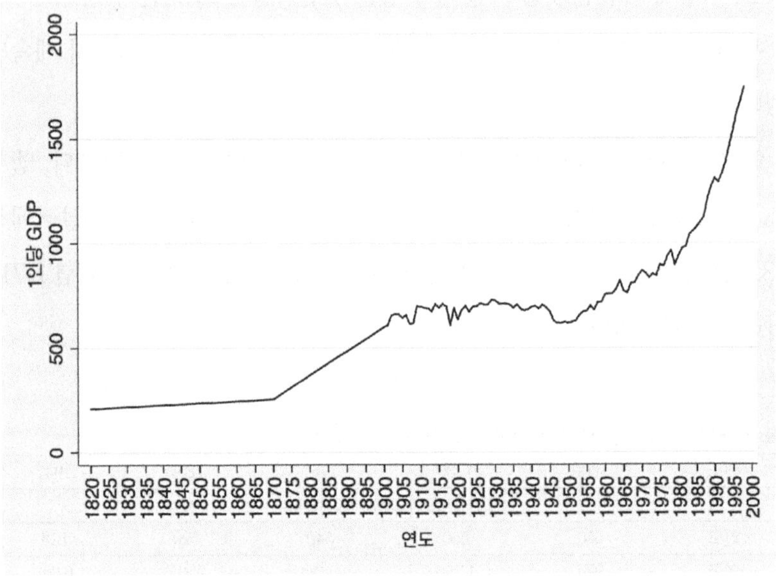

출처: Maddison(2001).

인도의 국민소득의 증가율을 보면 1860년과 1900년 사이에 평균 소득은 0.7% 증가하였다고 평가된다. 국민소득은 연 1.1% 증가한 데 반해 인구증가율은 0.4%였기 때문이다(Rajadhyaksha 2007, 32; 이양호 2009, 88).

둘째, 불평등한 사회구조가 지속되었다는 점이다.

무굴 지배시대나 영국 식민지 기간이나 사회구조는 거의 비슷했다. 메디슨에 따르면 무굴제국의 지배계층이 노동력 비율은 1%인데 국민소득의 비율은 15%였고 비농경제에서 상인과 은행가, 전통적 직업, 소상인과 기업인, 군인과 하급관료, 도시 장인과 건축노동자, 하인, 굴뚝청소부, 청소부 등은 노동력은 17%인데 국민소득에서 차지하는 비율은 37%였다. 농촌경제의 경우 지배 카스트, 경작자와 농촌 장인, 토지 없는 노동자, 하인, 굴뚝청소부, 청소부 등은 노동력은 72%인데 국민소득에서 차지하는 비율은 45%였다.

〈표 4〉 무굴제국의 사회구조

노동력 비율(%)	비농경제/농촌경제/부족경제	국민소득의 비율(%)
18	비농경제	52
1	무굴 황제와 황실, 만사브다르, 자기르다르, 토착 왕족, 임명된 자민다르, 세습된 자민다르	15
17	상인과 은행가, 전통적 직업, 소상인과 기업인, 군인과 하급관료, 도시 장인과 건축노동자, 하인, 굴뚝청소부, 청소부	37
72	농촌 경제 지배 카스트, 경작자와 농촌 장인, 토지 없는 노동자, 하인, 굴뚝청소부, 청소부	45
10	부족 경제	3

출처: Maddison(2001); 이양호(2009).

영국 지배가 끝날 무렵에 영국 관료 및 군인, 영국 자본가, 플랜테이션 주인, 무역가, 은행가, 경영인은 노동력이 0.05%인데 국민소득에서 차지하는 비율은 5%, 토착 왕족, 대 자민다르와 자기르다르, 인도 자본가, 상인과 경영인, 새로운 인도 직업계급은 인구가 0.95%인데 국민소득에서 차지하는 비율은 9%였다. 농촌경제에서 마을 지대 생활자, 농촌의 대금업자, 소 자민다르, 소작인 우두머리, 일하는 지주, 보호받는 소작인, 자의적 소작인, 소작인, 마을의 장인과 하인, 토지 없는 노동자, 청소부 등은 노동력은 75%인데 국민소득비율은 54%였다.

〈표 5〉 영국 지배 말기의 사회구조

노동력 비율	비농경제/농촌경제/부족경제	국민소득 비율
18	비농경제	44
0.05	영국 관료 및 군인, 영국 자본가, 프랜테이션 주인, 무역가, 은행가, 경영인	5
0.95	토착 왕족, 대 자민다르와 자기르다르	3
	인도 자본가, 상인과 경영인	3
	새로운 인도 직업계급	3
17	소무역가, 소기업가, 전통적 직업, 정부의 서기와 노동자, 군인, 철도노동자, 산업노동자, 도시 장인, 하인, 굴뚝청소부, 청소부	37
75	농촌 경제	54
9	마을 지대 생활자, 농촌의 대금업자, 소 자민다르, 소작인 우두머리	20
20	일하는 지주, 보호받는 소작인	18
29	자의적 소작인, 소작인, 마을의 장인과 하인	12
17	토지 없는 노동자, 청소부	4
7	부족경제	2

출처: Maddison(2001); 이양호(2009).

셋째, 토지분배 제도도 여전히 해결되지 않고 지속되었다.

영국이 지배하면서 전통적인 토지제도를 1873년 봉건적 토지제도(feudalistic land tenure system)로 바꾸었다. 정부가 토지소유자가 되고 농민은 소작인이 되고 그 중간에 지대를 걷는 자민다리를 두는 것이다. 이 제도는 주로 북부에서 시행되어 서벵골, 오리샤, 비하르, 우타르프라데시 일부, 펀자브, 마디아프라데시, 안드라프라데시에서 주로 시행되었다. 약 인도의 57%를 차지하였다(Shetty 2017, 34).

이에 반해 북부의 몇몇 지역에서는 마을의 장이 농민들로부터 정부수익을 걷는 마할와리(Mahalwari)도 시행되었다. 인도의 5%에서 시행되었고 마디아프라데시, 펀자브의 일부에서 시행되었다(Shetty 2017, 34).

남부 지역과 북동부 지역에서는 로트와리(Ryotwari)라고 하는 제도가 시행되어 정착은 개별적으로 하지만 대농부에게 토지가 집중되는 소작에 의한 경영이 만연했다(Shetty 2017, 34).

네루가 추진한 정책은 '경작자에게 토지를 분배(land to the tiller)'하는 것이었다. 그러나 INC는 자본가들의 자본을 필요로 했기 때문에 자민다르, 자기르다르, 말구자르(malguzars), 마하라자(maharajahs) 등 지주들과 협력하려고 했다(Jaffrelot 2007, 68; 이양호 2009, 214). 그러나 지주들은 상위 카스트였고, 자본가들은 바이샤 계급이었기 때문이다(Dossani 2008, 22; 이양호 2009, 214). INC 지지자들뿐만 아니라 북부 지역에서 반대하였기 때문에 당연히 토지개혁이 성공하기 어려웠다.

<표 6> 무굴 제국-마라타-영국 지배 정치체제

지역	정치/군사	세입	징수	기록
지방	수바흐다르(Subahdar)/ 니잠(nizam)/ 만사브다르(mansabdar) 바크쉬(Bakshi)	디완(Diwan)	만사브다르(mansabdar)	
구	자기르다르(Jagirdar)/ 자민다르(Zamindar)/	자민다르(Zamindar)/ 카마비스다르(kamavisdar)	말구자르(Malguzar)/ 데쉬무크(deshmukh)/ 차우두리(chaudhuri)	다프타르다르(Daftardar)/ 데쉬판데(deshpande)/ 카눈고(qanungo)
마을	파텔(Patel)/ 마을 자민다르(village zamindar) 파우즈다르(Faujdar) 타나다르(Thanadar)/ 코트왈(kotwal) 차우키다르(Chaukidar)	파텔(Patel)/ 마을 자민다르(village zamindar) 라이야트(Raiyat)	크로리(Krori) 카르남(Karnam)/쿨카르니(kulkarni)	파트와리(Patwari)

출처: Robb(2002).

자민다리 체제는 1951-1962년에 인도 각주에서 폐지된다. 자민다리 체제의 폐지는 토지분배의 불평등에 큰 영향을 미치지 못했다. 1헥타르 이하의 한계 농부는 1961년 1,980만 명에서 2006년 8,370만 명으로 증가하였다. 농지보유 총수는 1961년 5,067만 개에서 2006년 1억 2,922만 개로 증가하였지만 평균 보유 크기는 2.63헥타르에서 1.06헥타르로 감소하였다(Shetty 2017, 37). 무굴 제국에서 영국으로 이어지는 인도의 정치체제로 무굴 제국과 영국 제국은 지방의 정치체를 약화시켰다(Robb 2002, 115).

인도의 소득불평등

인도의 경우 소득지니계수는 2010-2015년 35.2였다. 상위 20%대 하위 20%의 평균 소득 배율인 5분위 소득배율은 2010-2015년 5.3이었다(GOI 2017, 40). 지니계수는 2012년 도시 0.367, 농촌 0.280이었다(CSO 2016, 14). 인도에서는 공식적으로 지니계수를 산정하지 않고 주로 빈곤에 대해서 통계를 산출한다. 따라서 찬셀과 피케티(Chancel and Piketty 2017, 55)가 산출한 지니계수는 2009-2010년 0.46 정도이다.

인도의 빈곤율도 심각하다. 인도에서 빈곤율을 측정하는 데 단일참고기간(URM: Uniform Recall Period)과 복합참고기간(MRP: Mixed Recall Period) 및 수정된 복합참고기간을 사용한다. 단일참고기간은 참고기간을 30일간으로 하는 데 반해 복합참고기간은 의류, 신발, 내구재, 교육비, 의료비 등 5개 항목에 대해서는 1년, 나머지는 30일로 하는 것이다(이양호 2009, 328).

〈표 7〉 NSS 소비서베이에서의 지니계수

	소비지니 서베이	소득지니 전략 A1	소득지니 전략 A2	소득지니 전략 A0
1951	0.36	0.48	0.40	0.44
1952	0.35	0.48	0.40	0.44
1953	0.35	0.47	0.39	0.43
1953-54	0.35	0.48	0.40	0.44
1955	0.36	0.48	0.41	0.44
1955-56	0.36	0.48	0.41	0.45
1957	0.36	0.49	0.41	0.45
1957-58	0.35	0.47	0.40	0.44
1958-59	0.35	0.48	0.40	0.44
1959-60	0.33	0.46	0.38	0.42
1960-61	0.34	0.47	0.38	0.43
1961-62	0.34	0.46	0.38	0.42
1963-64	0.32	0.45	0.37	0.41
1964-65	0.32	0.45	0.36	0.41
1965-66	0.31	0.45	0.36	0.40
1966-67	0.31	0.44	0.36	0.40
1967-68	0.31	0.44	0.35	0.40
1968-69	0.32	0.46	0.37	0.41
1969-70	0.32	0.45	0.37	0.41
1970-71	0.31	0.45	0.36	0.40
1972-73	0.33	0.46	0.37	0.42
1977-78	0.36	0.49	0.41	0.45
1983	0.33	0.46	0.38	0.42
1987-88	0.34	0.47	0.39	0.43
1993-94	0.33	0.46	0.38	0.42
1999-00	0.32	0.45	0.37	0.41
2004-2005	0.35	0.48	0.40	0.44
2009-2010	0.36	0.50	0.42	0.46

출처: Chancel and Piketty(2017). 전략 A1은 소득과 소비의 비율; 전략 A2는 빈곤층에 마이너스 저축률이 없다고 가정; 전략 A0은 마이너스 저축률, 송금이나 가구 이전이 있다고 가정함.

〈표 8〉 빈곤선 이하 빈곤율(%)

		농촌	도시	전체
1993-94		50.1	31.8	45.3
2004-2005		41.8	25.7	37.2
2009 - 2010		33.8	20.9	29.8
2011 - 2012		25.7	13.7	21.9
연평균 감소(%)	1993-94:2004-05	0.75	0.55	0.74
	2004-05:2011-12	2.32	1.69	2.18

출처: GOI(2017); GOI(2018).

〈표 9〉 라크다왈라(Lakdawala)와 테둘카르(Tendulkar) 방법에 따른 빈곤율(단위: %)

연도	빈곤율(%)			1인당 GDP, 루피 (2004-2005년 가격)
	농촌	도시	합계	
Lakdawala 위원회 방법				
1973-74	56.4	49	54.9	1071
1977-78	53.1	45.2	51.3	1175
1983	45.7	40.8	44.5	1226
1987-88	39.1	38.2	38.9	1390
1993-94	37.3	32.4	36	1707
2004-05	28.3	25.7	27.5	2729
Tendulkar 위원회 방법				
1993-94	50.1	31.8	45.3	1707
2004-05	41.8	25.7	37.2	2729
2009-10	33.8	20.9	29.8	3860
2011-12	25.7	13.7	21.9	4366

출처: Kanakarani(2017).

인도 주들 간의 빈곤 차이를 보면 아주 가난한 주는 아삼, 비하르, 마디아 프라데시, 오디샤, 라자스탄 우타르프라데시이고 상대적으로 발전된 주는 하리아나, 케랄라, 마하슈트라, 펀자브, 타밀나두이다.

〈표 10〉 인도 주들 간의 빈곤과 불평등

주	농촌					도시				
	빈곤계급	중산계급	중상계급	상위계급	지니계수	빈곤계급	중산계급	중상계급	상위계급	지니계수
최빈 주										
아삼	33.70	47.80	16.70	1.80	0.25	24.70	44.00	27.20	4.10	0.20
비하르	42.30	43.70	13.00	1.00	0.23	41.16	45.15	13.29	0.40	0.36
마디아프라데시	42.20	39.30	16.60	1.90	0.23	33.33	31.64	20.56	2.50	0.40
오디샤	53.20	34.97	10.62	1.10	0.24	34.10	38.80	24.70	2.40	0.37
라자스탄	11.00	41.50	42.60	4.90	0.28	13.23	50.60	33.37	2.81	0.28
우타르프라데시	37.60	43.50	16.70	2.20	0.23	37.50	42.40	20.53	6.55	0.35
평균	36.67	41.80	19.37	2.15	0.24	30.67	42.10	23.28	3.13	0.33
덜 발전된 주										
안드라프라데시	8.30	39.50	44.00	8.20	0.22	8.30	41.10	46.60	4.00	0.25
구자라트	11.01	47.05	35.64	6.31	0.17	8.30	37.50	51.70	2.50	0.22
카르나타카	15.68	47.65	30.17	6.49	0.24	15.30	29.07	37.36	10.29	0.31
서벵골	27.37	46.35	23.78	2.50	0.20	20.48	36.96	37.66	4.90	0.29
평균	15.59	45.14	33.40	5.88	0.21	13.10	36.16	43.33	5.42	0.27
상대적으로 발전된 주										
하리아나	5.39	22.48	55.14	16.98	0.17	7.58	31.44	47.70	13.27	0.25
케랄라	3.50	25.07	47.85	23.58	0.19	7.91	40.14	42.24	9.71	0.25
마하슈트라	11.80	44.30	38.40	5.50	0.21	8.00	38.00	46.40	7.60	0.26
펀자브	1.60	21.72	54.45	22.22	0.17	7.40	36.10	52.40	4.10	0.22
타밀나두	12.10	39.00	40.20	8.90	0.29	11.11	40.14	43.74	5.01	0.42
평균	6.88	30.51	47.21	15.44	0.21	8.40	37.16	46.50	7.94	0.28
인도 전체	26.60	41.00	27.30	5.10	0.19	17.52	39.24	37.74	5.51	0.32

출처: Kanakarani(2017).

〈표 11〉 인도 각 주의 빈곤율(단위: 100만 명, %)

주	2004-05 (MRP 소비에 기초)		2011-12 (MRP 소비에 기초)	
	인구 숫자	비율(%)	인구 숫자	비율(%)
안드라프라데시	23.88	29.90	7.88	9.20
아루나찰프라데시	0.36	31.10	0.49	34.67
아삼	9.73	34.40	10.13	31.98
비하르	48.56	54.40	35.82	33.74
차티스가르	10.99	49.40	10.41	39.93
고아	0.36	25.00	0.08	5.09
구자라트	17.22	31.80	10.22	16.63
하리아나	5.51	24.10	2.88	11.16
히마나찰프라데시	1.46	22.90	0.56	8.06
잠무카슈미르	1.42	13.20	1.33	10.35
자르칸드	13.07	45.30	12.43	36.96
카르나타카	18.57	33.40	12.98	20.91
케랄라	6.50	19.70	2.40	7.05
마디아프라데시	31.69	48.60	23.41	31.65
마하슈트라	39.33	38.10	19.79	17.35
마니푸르	0.87	38.00	1.02	36.89
메가라야	0.39	16.10	0.36	11.87
미조람	0.14	15.30	0.23	20.40
나갈란드	0.19	9.00	0.38	18.88
오디샤	22.02	57.20	13.85	32.59
펀자브	5.38	20.90	2.32	8.26
라자스탄	21.03	34.40	10.29	14.71
시킴	0.18	31.10	0.05	8.19
타밀나두	18.68	28.90	8.26	11.28
트리푸라	1.37	40.60	0.52	14.05
우타르칸드	2.97	32.70	1.16	11.26
우타르프라데시	73.55	40.90	59.82	29.43
서벵골	28.91	34.30	18.50	19.98
안디만코바르제도	0.01	3.00	0.00	1.00
찬디가르	0.11	11.60	0.24	21.81
다드라나가르	0.13	49.30	0.14	39.31
델리	2.04	13.10	1.70	9.91
다만디우	0.02	8.80	0.03	9.86
락샤드위프	0.00	6.40	0.00	2.77
퐁디셰리	0.15	14.10	0.12	9.69
전체 인도	407.61	37.20	269.78	21.92

출처: RBI(2019).

텐둘카르 방법(Tendulkar Methodology)에서는 빈곤이 혼합참조 기간(Mixed Reference Period)에 기초한 MPCE(Monthly Per Capita Expenditure)로 표현된다. 1993-1994년 45.3%에서 2004-2005년 37.2%로 감소하였고 2011-2012년 21.9%로 감소하였다. 빈곤선 이하 인구는 2011-2012년 농촌 25.7%, 도시 13.7%, 전국 21.9%였다. 텐둘카르 빈곤선(Tendulkar Poverty Line) 이하 인구는 2004-2005년 4억 700만 명이었지만 2011-2012년 2억 7,000만 명으로 줄어들었다(GOI 2017, 31). 1993-1994년에서 2004-2005년까지 11년 동안 빈곤율 평균 감소폭은 매년 0.74%였던 데 반해 2004-2005년에서 2011-2012년까지 7년간 매년 2.18% 감소하였다(GOI 2017, 32).

〈표 12〉 인도의 소득불평등, 2015년

소득집단, 세전 성인 1인당 국민소득 분배	성인 숫자(명)	소득 점유(%)	소득한계(루피)	평균 소득(루피)	평균노가의 비교 (ratio)
평균	794,305,664	100%	0	138,426	1
하위 50%	397,152,832	14.70%	0	40,671	0.3
중간 40%	317,722,266	29.20%	63,728	101,084	0.7
상위 10%	79,430,566	56.10%	195,445	776,567	6
포함 상위 1%	7,943,057	21.30%	1,303,946	2,954,386	21
포함 상위 0.1%	794,306	8.20%	4,459,114	11,346,371	82
포함 상위 0.01%	79,431	3.40%	18,260,916	47,154,896	341
포함 상위 0.001%	7,943	1.40%	77,801,552	188,558,192	1362

출처: Chancel and Piketty(2017).

부자와 가난한자 사이에는 큰 차이가 난다. 하위 50%가 전체 소득에서 차지하는 비율은 14.7%인 데 반해 상위 10%가 차지하는 소득 점유율은 56.1%였다. 아울러 하위 20%의 세전 소득증가율은 1951-1980년 2.2%,

1980-2015년 1.9%였던 데 반해 상위 10%의 세전 소득증가율은 1951-1980년 1.2%, 1980-2015년 5.2%였다.

전체성인 1인당 실질소득성장률(Total real per adult income growth)은 1951-1980년 1.7%였던 데 반해 1980-2015년 3.3%였다. 그러나 하위 50%의 소득성장률은 2.2%에서 1.9%로 감소하였으며 상위 10%의 소득성장률은 1.2%에서 5.1%로 증가하였다. 더욱 빈부 간 격차가 벌어졌다는 것을 보여준다.

〈표 13〉 인도 전체성인 1인당 실질소득성장률, 1951-1980년과 1980-2015년 비교

소득집단, 세전 성인 1인당 국민소득 분배	전체 성인당 실질소득성장률(1951-1980)	전체 성인당 실질소득성장률(1980-2015)
전체 인구	1.7%	3.3%
하위 50%	2.2%	1.9%
중간 40%	1.9%	2.0%
상위 10%	1.2%	5.1%
포함 상위 1%	0.2%	6.6%
포함 상위 0.1%	-1.0%	7.7%
포함 상위 0.01%	-1.9%	8.9%
포함 상위 0.001%	-2.0%	9.4%

출처: Chancel and Piketty(2017).

인도의 민주주의와 소득불평등

인도는 과거 인도 경제학자 크리슈나가 힌두성장률이라고 부를 정도로 성장률이 높지 않았다. 1956-1974년 연평균 성장률은 3.4%에 불과했다. 1975-1990년에는 5% 이상, 1992년 이후에는 6% 이상의 연평균 성장률을 기록하였다. 2003-2007년은 8.8%를 기록했다(Mukherji 2009, 1). 1964년

네루의 죽음으로 불확실성에 빠졌다. 샤스트리(Shastri) 수상(1964-1966)은 경제발전에 초점을 두었고 루피화의 평가절하를 시행하였다. 인디라 간디(Indira Gandhi) 여사가 1966년 수상이 되었다. 1969-1974년은 국가가 주도하는 자력갱생 시기로 간디여사는 사영부문을 억제하였다. 국가가 통제하고 자력갱생적인 산업화는 빈곤퇴치에 도움이 될 수 있을 것으로 생각했지만 실상은 그러지 못하고 인도 경제가 1956년과 1974년 사이 연평균 성장이 3.4%에 불과하였다. 빈곤이하 인구는 1951년과 1974년 사이 변화가 없었고 대체로 45%에서 50% 사이였다. 중앙정부는 빈곤퇴치를 위해 주정부를 통하지 않고 직접 빈곤 퇴치에 나섰다(Mukherji 2009, 4-7).

2000년대에는 경제성과가 좋으면 선거에서도 좋은 결과를 가져오는 비율이 높았다. 2000년대에 경제성장 1% 포인트 증가는 현직자(incumbent)가 재선될 가능성을 9% 이상 증가, 의석수의 4%포인트 증가, 득표율의 1.3%포인트 증가를 가져왔다. 1980년대와 1990년대에는 성장이 긍정적 선거결과를 가져오지 못한 것과는 차이가 있다. 이것은 인도 유권자들의 변화가 일어나 '기대혁명 상승(revolution in rising expectations)'을 가져와 보통사람들(aam aadmi)도 급속 성장의 결실을 맛보게 되었다는 평가이다(Vaishnav and Swanson 2013). 민주주의는 사회를 좋게 하고 부정의와 불평등을 제거하는 사회적 도구이지만 인도의 민주주의는 여러 면에서 이러한 도전에 실패했다는 하산(Hasan 2016, 290)의 평가도 있다.

IDEA자료를 분석하면 대의정부, 지방민주주의는 1990년대 말과 2000년대 초에는 높은 편이었지만 2010년대 초에는 비교적 낮았다.

<그림 5> 대의정부와 지방민주주의

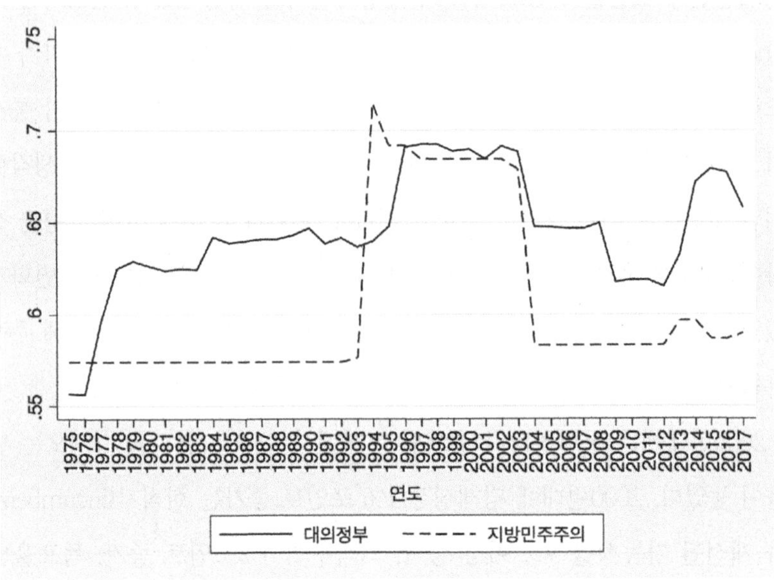

출처: IDEA data.

특히 민주주의의 정치적 측면은 선거에서 나타난다. 선거 투표율을 보면 2009년 58.2%이던 것이 2014년 66.4%로 증가하였다.

〈표 14〉 득표율

연도	투표율	참여정당수	경쟁후보수
1951	45.67	53	1874
1957	47.76	15	1519
1962	55.42	27	1985
1967	61.33	25	2369
1971	55.29	53	2784
1977	60.49	34	2439
1980	56.92	36	4629
1984-85	64.01	42	5492
1989	61.95	113	6160
1991-92	55.88	154	8749
1996	57.94	209	13952
1998	61.97	176	4750
1999	59.99	169	4648
2004	57.98	230	5435
2009	58.19	363	8070
2014	66.44	464	8251

출처: Election Commission of India(2017).

2009년 INC는 의석 206석을 차지하였고 득표율은 28.6%였다. 2위를 한 정당은 BJP로 116석을 차지하였으며 18.9%의 득표율을 올렸다. 득표율에서 약 9.7%의 차이가 났다. 2014년에는 BJP가 의석수 282석 득표율 31.3%를 얻은 데 반해 2위인 INC는 44석으로 19.5%의 득표율을 기록하였다. 득표율 차이는 11.8%였다.

〈표 15〉 선거에서 1등과 2등의 득표율

선거 연도	승자			2등		
	정당	의석	득표율	정당	의석	득표율
1951	INC	364	44.99	CPI	16	3.29
1957	INC	371	47.78	CPI	27	8.92
1962	INC	361	44.72	CPI	29	9.94
1967	INC	283	40.78	SWA	44	8.67
1971	INC	352	43.68	CPM	25	5.12
1977	BLD	295	41.32	INC	154	34.52
1980	INC(I)	353	42.69	JNP(S'	41	9.39
1984-85	INC	424	48.12	CPM	22	5.71
1989	INC	197	39.53	JD	143	17.79
1991-92	INC	244	36.4	BJP	120	20.07
1996	BJP	161	20.29	INC	140	28.8
1998	BJP	182	25.59	INC	141	25.82
1999	BJP	182	23.75	INC	114	28.3
2004	INC	145	26.53	BJP	138	22.16
2009	INC	206	28.55	BJP	116	18.8
2014	BJP	282	31.34	INC	44	19.52

출처: Election Commission of India(2017).

인도에서 INC가 1947년에서 1989년까지 1977-1980년만 제외하고 모든 선거에서 승리하여 집권했다. INC가 약화되자 각 주에서 지역 정당이 권력을 잡게 되고 전국적으로도 연립정부를 통해 주에 기반한 정당들이 연립을 통해 1989년에서 2014년까지 집권하였다(Basu 2018, 35). 약 인도인 26%와 무슬림 31%가 빈곤선 이하에서 살고 있다(Basu 2018, 35).

주들 간에도 BJP와 INC의 지지는 차이가 있었다. 2014년의 경우 비하르, 고아, 구자라트, 하리아나 등은 BJP가 INC보다 월등하게 득표율이 높은 지역이었다. 이에 반해 케랄라, 마니푸르, 메갈라야, 미조람 등은 INC가 BJP보다 훨씬 득표율이 높았던 지역이다.

〈표 16〉 인도 주들에서의 BJP와 INC 간의 득표율

2014년 선거	BJP	INC
안드라프라데시	8.52	11.62
아루나찰프라데시	46.62	41.66
아삼	36.86	29.90
비하르	29.86	8.56
고아	54.12	37.02
구자라트	60.11	33.45
하리아나	34.84	22.99
히마찰프라데시	53.85	41.07
카르나타카	43.37	41.15
케랄라	10.45	31.47
마디아프라데시	54.76	35.35
마하라슈트라	27.56	18.29
잠무카슈미르	32.65	23.07
마니푸르	11.98	41.91
메가라야	9.16	39.02
미조람	–	49.33
나갈란드	–	30.22
오디샤	10.94	26.38
펀자브	8.77	33.19
라자스탄	55.61	30.73
시킴	2.39	2.36
타밀나두	5.56	4.37
트리푸라	5.77	15.38
우타르프라데시	19.77	7.53
서벵골	17.02	9.69
차티스가르	49.66	39.09
자르칸드	40.71	13.48
우타르칸드	55.93	34.4
안디만코바르제도	48.19	44.05
찬디가르	42.49	27.03
다드라나가르	49.77	45.94
다만디우	54.66	43.92
델리	46.63	15.22
락샤드위프	0.43	46.69
퐁디셰리	–	27.16

출처: Election Commission of India(2017).

인도가 세계에서 가장 큰 민주주의 국가임에도 불구하고 파트롱의 관계가 지속되고 있는 국가라고 할 수 있다. 다스와 마이오라노(Das and Maiorano 2019, 251)는 지배정당이 인도의 가장 규모가 큰 마하트마 간디 농촌고용보장법(MGNREGA: Mahatma Gandhi National Rural Employment Guarantee Act) 프로그램을 핵심 지지층이나 스윙보트를 매표하기 위해 사용하지 않고 일자리 분배는 '후기클라이언텔리즘'적이라고 결론짓는다. 즉, 정치가들의 주요 이해관계는 일자리를 제공해주고 표를 매표하는 것이 아니라 정부계약을 네트워크의 계약자들에게 제공하는 것이다. 그럼으로써 계약자들이 정치유세에 자금을 제공하여 정치인들이 현금이나 음료 등을 매표전략으로 선거 전에 나누어줄 수 있도록 하는 것이다. 아울러 후견분배(patronage distribution)는 인도 정치에서 여전히 중요하며 동일한 정책 안에서도 클라이언트적(clientelistic) 분배와 프로그램적(programmatic) 분배가 공존한다고 지적한다.

인도는 종교, 언어 등에서 다양한 국가이다. 인도의 주에서 지배 카스트의 경우 유권자의 10-20%를 차지한다. 무스림, 탈리트, 야다브가 가장 큰 유권자 집단이다. 그러나 우타르프라데세의 탈리트과 야다브는 비하르의 탈리트과 야다브와 다르다. 자신들을 정치적 공동체로 생각하지 않는다. 마야와티(Mayawati)는 우타르프라데시에서 달리트의 대표자이지만 비하르에서는 아닌 반면, 우타르프라데시에서 유명한 야다브 지도자들은 비하르에서 대중을 끌어들일 수 없다. 따라서 주 선거를 이기기 위해서는 연합이 필요하게 된다. 이러한 혼돈이 29개 주에서 일어나기 때문에 인도 선거를 하나의 국가 이벤트라고 부르기 힘들다(Sharma 2019, 104).

인도가 민주주의 국가이기 때문에 선거의 행태도 결과에 대한 평가로 이어지고 있다. 오랫동안 지배해오던 네루-간디 왕조가 정권을 내줄 수밖에 없었던 이유는 경제성과가 미미했기 때문이다. 샤르마(Sharma 2019, 102)에 따르면 INC의 비전은 인도를 힌두성장률, 즉 연 3.5%의 성장을 가져와 인도 인구를 빈곤에서 벗어나게 해주기에는 너무 느린 속도였고 결국 INC의 독점이 깨지자 유권자들은 선거에서 경제적 불만을 표시한 것이다.

선거가 중요하기 때문에 복지를 매표하기 위한 하나의 선물로 생각하기도 한다. 소외된 도시들을 의미하는 시골(mofussil)의 많은 유권자들은 경제성장으로 뭄바이 증권시장이 붐을 이룰 때조차도 극적인 경제 상승을 느끼지 못했다. 따라서 정치인들은 경제성장에 의존하기보다 복지라는 선물을 제공하여 매표하려고 시도하였다(Sharma 2019, 102). 모디의 경우에도 처음에는 국민회의당의 복지정책을 빈민에 대한 모욕이라고 비판하다가 나중에는 모든 인도인들이 1년에 100일의 지불노동을 가지게 될 것이라고 보장하기도 했다(Sharma 2019, 102-103).

이마이이아와 사토(Imaia and Sato 2012, 140)는 마을까지로의 권력분산의 효과를 분석하였다. 분권화된 이후 선출된 판차야트(Panchayats)가 빈곤퇴치프로그램의 수혜자를 지정하는 권한을 가지게 되었다는 관점이다. 그러나 마디아프라데시 주에서처럼 권력과 자원이 지방엘리트들에 의해 포획당하는 경우가 있어서 분권화가 꼭 사회적 취약계층의 복지 개선으로 이어지지는 않는다고 보았다.

<그림 6> 대의정부와 기본복지 1

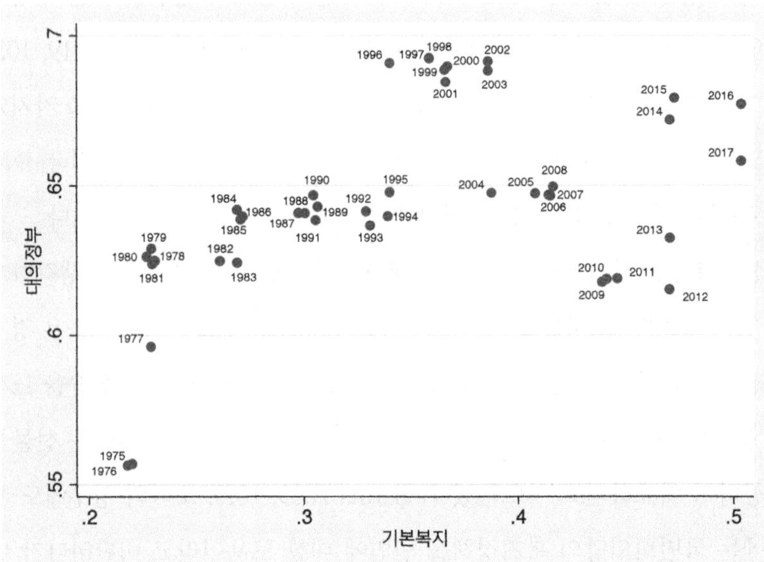

출처: IDEA data.

인도에서 대의정부와 민주주의는 서로 증가해왔다고 평가할 수 있다. IDEA자료를 보면 인도는 기본적으로 어느 정도 높은 수준의 대의정부를 가진 상태에서 기본복지가 꾸준히 증가해왔다.

〈그림 7〉 대의정부와 기본복지 2

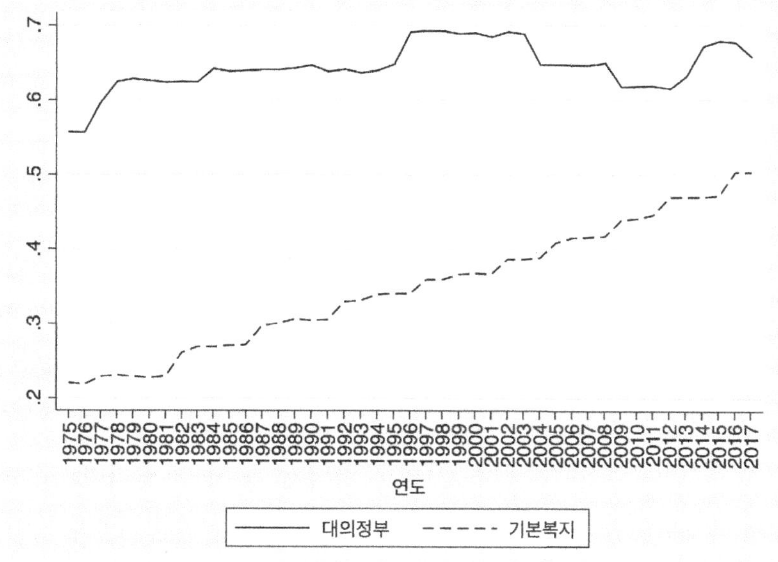

출처: IDEA data.

인도의 불평등과 빈곤의 감소

인도에는 PDS가 존재했다. PDS는 그동안 역할을 했지만 식량보조의 부담이 늘어나자 이를 개선하기 시작하였다. 1997년부터 TPDS(Targeted Public Distribution System)가 시행되기 시작하였다. 이외에도 식량지원 프로그램인 아나푸르나 프로그램(Annapurna Scheme), 안티요다야 안나 요자나(Antyodaya Anna Yojana)가 있었지만 전반적인 영양 문제는 개선되지 않았다고 인식되고 있었다. 1995년에는 NSAP(National Social Assistance

Programme)가 시행되었다. 그 내용에는 NOAPS(National Old Age Pension Scheme), NFBS(National Family Benefit Scheme), NMBS(National Maternity Benefit Scheme)으로 되어 있었다. NBMS는 JSY(Janani Suraksha Yojana)로 교체되었다(Mazundar 2010, 189).

인도에서 식량은 PDS로 공급하고 있었다. 오지에 사는 빈민밀집지역에도 공급될 수 있도록 1992년 RPDS(Revamped Public Distribution System)가 만들어졌다. 1997년에는 TPDS(Targeted Public Distribution System)를 만들어 빈곤선 이상과 빈곤선 이하의 인구를 서로 다르게 분배하였다. 2013년에는 NFSA(National Food Security Act) 덕분에 PDS로 농촌 인구의 75%, 도시인구의 50%가 혜택을 보았다. 선정된 가구는 보조 가격으로 5킬로의 곡식을 받았다. 그러나 비용의 문제는 피할 수 없었고 지방마다 차이가 났다. 타밀나두 주에서는 약 90%의 가구가 PDS로부터 곡식을 소비하지만 마하라쉬트라 주에서는 약 45%의 가구가 PDS 쌀을 소비한다. 타밀나두에서는 보조금이 1가구당 월 220루피인 데 반해 마하라쉬트라주에서는 60루피에 불과하다. 문제는 36%의 PDS 분배가 최종 수혜자에게 돌아가지 않고 어디로 새나가는 것이다. 아울러 가장 부자 40%의 인구가 받는 보조도 전체 PDS보조의 35%에 달한다(Coady and Prady 2018, 5-6). 프로그램에 따라 시행하는 100루피 지출 중 가구에게 돌아가는 것은 64루피밖에 되지 않았다(Coady and Prady 2018, 8). 에너지의 경우에도 총 지출의 약 10%에 해당하는 가구보조금 중 부자들 30%가 11.5%를 차지하고 빈민층 30%는 9%밖에 차지하지 못한다. 부자 40%가 총 에너지 지출의 69%를 받는데 반해 빈곤층 40%는 17%밖에 받지 못한다(Coady and Prady 2018, 11).

PDS 시스템은 아주 비효율적인 재분배 제도이다. 2007년의 경우 계획위원회(Planning commission)는 1루피 가치의 식량지원은 행정비용으로 3.65루피가 든다고 평가했다(Schjoedt 2016, 6). 인도는 식량, 비료, 유류, 등유, 물, 전기, 철도 등에 대해 가격보조를 오랫동안 해왔다. 재정비용은 GDP의 4.2%로 높은 편이다(OECD 2017, 56). 보조금이 오히려 부자에게 유리하게 작용한 것이다. 결국 이러한 문제 때문에 PDS를 보편적 기본소득제로 바꾸려고 하는 것이다.

정부는 가격보조를 현금으로 주는 직접혜택급여(DBT: direct benefit transfers)로 바꾸기 시작하였다. 개인의 생체 인식적인 카드인 아드하르(Aadhaar)에 연계된 개인 신원번호와 은행구좌로 지불하는 것이다. 아드하르의 번호가 2010년 9월 처음으로 발급되었다. 2016년 12월경에는 약 11억 명, 인구의 86%가 아다하르 번호를 가지게 되었다(OECD 2017, 57). 사실 정부는 2014년부터 DBT시스템을 취사연료가스와 전국농촌고용보장(NREFGS)을 지급해왔다(OECD 2017, 57). 2015년 전국적으로 가스에 대해 DBT 시스템을 실시했다(OECD 2017, 57). 이를 통해 의심스러웠던 1억 4천 명을 제외하게 해주어 비용을 줄일 수 있었다(OECD 2017, 57). 부자에 대해서는 자발적으로 가스보조를 포기하도록 요청하는 운동이 2015년에 벌어졌다(OECD 2017, 57).

정부는 일자리 창출을 위해 슈람수비드하(Shram Suvidha)라는 온라인 포털을 시작하여 기업들이 중앙정부의 16개 노동법에 따라 보고하도록 하고 하나의 자기 확인서를 허용했다. 아울러 44개 중앙정부법을 4개 노동법으로 축소하여 합리화하였다. 정규노동과 비정규노동의 차이를 줄이기 위해 모든 계약 노동자에 대해 2016년 최저임금을 도입하여 최저임금을 10,000루피(148달러)로 정했다(OECD 2017, 52). 물론 인도에도 최저임금법이 있지만 거의 역할을 하지 못했다. 최저임금법은 1948년 이래 존재해왔지만 최저임금을 정하는 절차는 애매모호했고 결과적으로 최저임금은 잘 관리되지 않았다(Mazundar 2010, 184). 아울러 정부가 새로운 피고용자(임금이 월 15,000루피 이하의 노동자)에 대해서는 연금체제에 8.33% 피고용인의 기여금을 지불하기로 하였다(OECD 2017, 52). 노동집약적 의류산업에 대해서 특히 여성에 대해서는 EPF(Employee Provident Fund)의 3.67% 기여금을 정부가 지불하기로 하였다(OECD 2017, 52).

하리와 하티(Hari and Hatti 2015, 251)에 따르면 빈곤퇴치 정책이 INC 정권 시기에는 주로 보조금(subsidies)에 의존하여 불평등을 항구화시키는 역할을 했는데 사람들에게서 이니셔티브를 앗아가는 결과를 낳았기 때문으로 가난한 사람들은 더 많은 보조금을 원하는 종속문화(culture of dependence), 적하숭배(cargo cult)를 만들어냈다는 것이다.

인도의 마하트마 MGNREGA가 있다. MGNREGA는 2006년 발효되어 시행되기 시작하였다. 첫 단계에서는 후진 지역 200여 곳에서 시행되었고 2007-2008년 2단계에서는 130여 곳이 추가되었다. 2008년 3단계에서는 나머지 농촌에서도 시행하는 것으로 하였다. 목적은 농촌 지역의 모든 가구에게 최소 100일 동안의 임금을 보장하는 것이다. 이로써 가난한 사람들이 먹고 살 수 있는 자원을 제공해주고 지방자치(Panchayat Raj)를 강화시키는 것이다. 모든 가구의 성인 구성원은 마을 차원의 기초자치단체(Gram Panchayat)에 이름, 나이, 주소를 제출한다. 이것을 기초로 15일 이내에

JC(Job Card) 카드를 발급한다. 등록 이후 15일 내에 고용되지 않는 경우에는 실업수당이 하루 단위로 지급되며 실업수당은 MGNREGA 시스템에 의해 자동적으로 계산되고 지급된다. 노동자에게는 거주지에서 5킬로미터 이내에 있는 노동 지점에 배치되며 5킬로미터가 넘으면 교통비가 지급된다. 우선권은 여성에게 주어지며 수혜자의 1/3이 여성이다(MRD 2005, 9-10). 예산은 중앙정부 75%, 주 정부 25%의 비율로 분담한다. 수혜자당 평균 임금은 2006년 1인 하루 65루피에서 2015년 150루피로 증가하였다. SC의 참여가 20% 이상이다. ST의 참여는 25% 이상에서 17%로 감소하였다(MRD 2005, 18).

ASPIRE(Atlas of Social Protection Indicators of Resilience and Equity) 데이터베이스에 따르면 2011년의 경우 사회보장과 노동(SPL: Social Protection and Labor)으로 인한 지니 불평등 감소는 인구 2.3%였으며 SPL로 인한 빈곤율 감소는 인구 9.8%였다. 수혜가 최하위 20%인 빈곤층에 귀속되는 것은 22.3%였다. 여기서 커버리지(coverage)는 사회보장 및 노동 프로그램에 참여하는 인구의 비율을 말하며 가구 중 적어도 한 명이 이전(transfer)을 받는 5분위 개인의 숫자를 해당 5분위 개인의 숫자로 나눈 값이다. 수혜발생률(benefit incidence)은 전체 인구에 가는 전체 혜택에 대해 이전 후 복지 분배 가장 빈곤한 5분위에 가는 혜택의 비율이다. 5분위 모든 개인이 받는 이전의 합계를 전체 인구가 받는 모든 이전의 합계로 나눈 값으로 직접적, 간접적 혜택을 모두 포함한다. 평균 1인당 이전액(1인당, 1일 PPP달러)은 전체인구와 각 가구에 대해 추산되며 각 가구에 대해서는 1인당 평균 이전은 받은 전체 이전을 가구 크기로 나눈 값이다. 적정성(adquacy)은 5분위에서 전체 수혜자들이 받은 총 이전액수가 해당 5분위의 총 수혜자 복지에서 차지하는 점유율로 직간접 수혜자들을 모두 포함한다. 지니불평등 감소(Gini inequality reduction)는 이전 전 지니계수에서 SPL 프로그램으로 인한 지니 감소가 차지하는 비율을 말하며 '(이전 전 불평등-이전 후 불평등)/이전 전 불평등'으로 추산된다. 이는 사실 이전의 재분배율을 말한다. 빈곤인구 감소(Poverty Headcount reduction)는 이전 전 빈곤 인구 중에서 SPL 프로그램으로 이한 빈곤인구 감소가 차지하는 비율을 말하며 '(이전 전 빈곤인구 - 이전 후 빈곤인구)/이전 전 빈곤인구'로 추산된다. 빈곤갭 감소(Poverty Gap reduction)는 이전 전 빈곤갭 중에서 SPL 프로그램으로 이한 빈곤갭 감소가 차지하는 비율을 말하며 '(이전 전 빈곤갭 - 이전 후 빈곤갭)/이전 전 빈곤갭'으로 추산된다. 수혜-비용 비율은 SPL 프로그램에 쓰는 매 1달러마다 얻은 빈곤갭의 감소를 말하며 '(이전 전 빈곤갭 - 이전 후 빈곤갭)/전체 이전 액수'로 추산된다. 세계은행의 ASPIRE 데이터베이스에 따르면 SPL은 크게 사회안전망(Social safety net/social assistance), 사회보험(social insurance), 노동시장(labor market) 세 가지로 분류한다. 사회안전망에 무조건부 현금지원(UCT: Unconditional cash transfer), 조건부 현금지원(CCT: Conditional cash transfer), 사회연금, 식량 및 현물지원, 학교급식, 공공근로, 요금면제, 기타 사회보조를 분류하고 사회보험에는 지출연금(노령연금, 생존보험, 장애보험), 기타 사회보험(직장상해보험, 건강 등)을, 노동시장에는 능동적 노동시장 프로그램, 수동적 노동시장 프로그램으로 나누고 있다(World Bank 2018b, 95-96).

〈표 17〉 ASPIRE에 나타난 인도의 불평등 및 빈곤 감소 효과

내용		2004	2009	2011
커버리지(Coverage)	가장 빈곤한 20%	30.28	22.61	96.43
	전체	27.22	21.45	93.99
수혜발생률(Benefit incidence)	가장 빈곤한 20%	n.a.	n.a.	22.33
평균이전액수(1인당 1일 달러)	전체	n.a.	n.a.	0.08
적정성(Adequacy)	가장 빈곤한 20%	n.a.	n.a.	9.73
	전체	n.a.	n.a.	5.2
SPL로 인한 지니불평등 감소(% 감소)		n.a.	n.a.	2.28
SPL로 인한 빈곤율 감소(% 감소)		n.a.	n.a.	9.75
SPL로 인한 빈곤갭 감소(% 감소)		n.a.	n.a.	18.5
수혜-비용-비율(Benefit-cost ratio)		n.a.	n.a.	0.27

출처: ASPIRE database.

기본소득제

이제는 인도가 세계에서 가장 큰 기본소득제 시행 국가가 되었다. 2019년 승리한 BJP당의 모디(Narendra Modi) 총리뿐만 아니라 야당인 국민회의당도 간디(Rahul Gandhi)가 선거 공약으로 내걸었기 때문이다.

간디가 주장하는 NYAY(nyuntam aay yojana, minimum guaranteed income)가 선거에서 쟁점이었다. NYAY는 힌두어로 정의를 의미한다. 라울 간디의 기본소득제는 최저기본소득제(Minimum Basic Income)이다. 직접현금이전으로 연 72,000루피(1,050달러)를 인도의 가난한 5,000만 가구에게 현금으로 지불하는 것이다. 빈곤의 인구의 약 20%를 타깃으로 잡고 있다. 사실 2017년 수브라마니안(Arvind Subramanian) 경제고문은 18,000루피(미화 250달러)를 주자고 주장한 바 있다. NAYA는 GDP의 약 0.7-1.8%를 차지할 것으로 예상되었다. 현재의 소비보조가 DGDP의 약 3% 수

준이다. 중산층에 대한 세부담을 줄이기 위해서는 식량, 비료, 장학금에 대한 정부보조를 줄여야 한다.

간디의 기본소득제 발표가 있은 지 얼마 안 되어 모디 총리는 빈농들에게 기본소득 도입을 천명하였다. 소농들에게 6,000루피(64파운드)를 6.2억 명에게 지불하는 것이다. 모디 총리도 PM-Kisan(Pradhan Mantri Kisan Samman Nidhi)을 2019년 임시예산(interim budget)에 반영한다고 선언하였다. PM-Kisan은 농민들에게 최소한의 기본소득을 주는 것이다. 2.5헥타르 이하의 토지를 가진 농민에게 연 6,000루피(미화 84달러)를 주는 것이다. 이렇게 되면 2019-2020년에 7,500억 루피(미화 105억 달러), 2018-2019년에는 2,000억 루피(미화 280억 달러)가 들게 된다. 그러나 농민들은 여기에 대해 불만이었다. 6,000루피면 타깃 농민 연소득의 6%에 불과하기 때문이다(Kapur 2019).

인도에서 기본소득제가 가능할 수 있는 토대는 정부가 이미 현물 급여를 현금 급여로 전환하는 노력을 했다는 점이다. 2012년 만모한 싱(Manmohan Singh) 총리가 정부의 보조금 지급방식을 수혜자의 은행 구좌로 집적 넣어주는 개혁을 하겠다고 밝힌 바 있다. 2013년부터 장학금과 연금을 어떤 지역에서는 직접혜택이전(DBT: direct benefits transfers)으로 전환하기도 했고 LPG 가스지원도 아드하르 번호를 통해 이루어졌다. 이러한 아드하르 제도를 2014년 당선된 모디총리가 승인하면서 정착되기 시작하였다(Khosla 2018, 16-17).

아울러 여러 학자들에 의해 기본소득제가 논의되었다. 학자들마다 차이가 있었고 물론 기본소득제에 반대하는 학자들도 있었다.

〈표 18〉 인도에서의 기본소득제에 대한 여러 제안

	인구 커버리지	연 이전액	비용의 GDP 중 비율	금융 메커니즘
Pranab Bardhan(2016)	전체 인구	10,000	10%	장점 없는 보조금 롤백: GDP의 9% 기업세 폐지, 휴일, 면제: GDP의 3%
Vijay Joshi(2016)	전체 인구	3,500	3.5%	장점 없는 보조금과 식량보조 롤백: GDP의 8.5% 면세에서 저축: GDP의 1.5% 공공기업 사유화: GDP의 1% 농업소득 과세: GDP의 0.5% 역기능적 사회복지 폐지: GDP의 0.5%
Maitreesh Ghatak (2016)	전체 인구	13,432	11%	빈곤하지 않은 사람에게 가는 보조 롤백: GDP의 9% 추가 과세
Debraj Ray(2016)	전체 인구	10,000-13,000	9-12%	GDP의 고정비율: 9-12%
Abhijit Banerjee(2016)	전체 인구	13,000	11%	PDS, MGNREGA 등의 대체
Reetika Khera (2016)	모든 노령층, 미망인, 장애인(전체 인구의 약 10%) 및 임산부(연 2,600만 명 신생아 태어남)	연금 12,000 아동 당 출산휴가 6,000	1.5%	
Economic Survey 2016-17(2017)	소득분배 하위 75%		4.9% /4.2%	사회부문 프로그램 롤백: GDP의 2.07% 중산층 보조: GDP의 1.05% 0대 중앙지원 프로그램: GDP의 1.38%

출처: Khosla(2018).

결정적 역할을 한 것은 〈경제서베이 2016-2017〉이었다. 인도재정부(Indian Ministry of Finance)는 이 서베이를 통해 인도에서 기본소득제를 시행하는 것에 대한 보고서를 제출하고 인도의 복지제도가 대상이 잘못 정해져 있어 기본소득이 행정에 편리하고 빈곤퇴치에 더 효과적이라고 권고하였다. 이 서베이는 인도 인구의 75%에 달하는 사람들에게 7,620루피, 달러로 치면 120달러를 매년 주게 되면 인도의 절대빈곤 인구를 2011-2012

년 텐둘카 빈곤선(Tendulkar poverty line) 이상으로 끌어올릴 수 있다고 보았다. 비용은 인도 GDP의 4.9%로 보았다. 예산 중립적인 이전인 기존 프로그램들을 없애면 실현 가능할 것으로 보았다. 2014-2015년 비료, 유류, 식량 보조가 GDP의 2.07%에 달하고 10대 주요 복지제도가 GDP의 1.38%를 차지하였기 때문이다. 이 서베이는 진정한 보편성을 유지하려면 정치적으로 재정적으로 비용이 많이 들기 때문에 인도 소득분배 상위 25%를 배제시킬 것을 권고하였다. 아울러 보편적 금융 포용을 아드하르 제도와 함께 시행하여 수혜자 은행구좌로 직접 이전해주는 것이 필요하다고 보았다 (Khosla 2018, 2).

아울러 인도 몇몇 주에서 실험도 있었다. 2010년과 2013년 사이 델리와 마디아프라데시에서 6,000명의 수혜자들에 대해 실험이 있었다. 결과는 성공적이었다. 두류의 소비가 1,000%, 신선한 야채 888%, 고기 600% 증가했다. 텔랑가나와 오디샤 두 주에서 제한적으로 기본소득제를 시행하였다. 텔랑가나 주에서는 헥타르당 10,000루피(에이커당 4,000루피)의 비율로 농민들에게 소득지원을 하였다. 그러나 리투 나부두(Rythu Nabdhu) 모델에서는 대토지 소유자가 가장 혜택을 많이 보았다. 소작인이나 토지가 없는 노동자는 혜택에서 제외되었다. 오디샤의 KALIA(Krushak Assistance for Livelihood and Income Assistance) 프로그램은 이러한 문제를 해결한 것으로 알려져 있다. 계절당 5,000루피(이모작에 대해서는 10,000루피)를 주의 300만 한계농부들에게 현금으로 지원한다. 20만 대농부들은 제외된다. 토지를 소유하지 않은 주의 100만 가구에 대해서는 12,500루피를 현금으로 지원한다(Mehra 2019). 오디샤정부는 2018년 1월 KALIA(Krushak

Assistance for Livelihood and Income Augmentation)을 시작하였다. 한계 농민들에게 5,000루피(미화 72달러), 취약 가구에게는 10,000루피(미화 145달러), 무토지 농민에게는 12,500루피(미화 181달러)를 주는 것이다. 비용은 3년간 10.18억 루피(미화 15억 달러)가 들어간다(Shira et al. 2019).

인도에서 기존의 복지제도는 두 가지 문제가 있다. 2016-2017 인도예산에는 950개의 CSCSS(Central Sector and Centrally Sponsored Schemes)가 있고 이 중 10개 프로그램이 GDP의 1.4%를 차지하며 940개의 하위 프로그램(sub-schemes)은 GDP의 2.3%를 차지하고 있다. CSCSS의 거의 50%가 25년 이상 동안 연장되어 있다(Cariappa and Srinivas 2019, 144). 이러다 보니 누수 현상이 나타나고 빈곤층이 오히려 배제되는 현상도 나타날 수 있다. 〈경제서베이 2016-2017〉에 따르면 타깃 수혜자 중 40%와 65%가 각각 PDS와 MGNREGS에서 혜택을 받지 못하고 있다(Cariappa and Srinivas 2019, 144). 2011-2012년 NSS(National Sample Survey)를 이용한 IMF의 분석에 따르면 PDS가 기본소득제로 대체된다면 하위 40%에 있는 50%의 가구에게는 6%의 복지손실(welfare loss)을 가져올 것으로 보았다(Cariappa and Srinivas 2019, 144-145).

문제는 재정적인 여력이다. 15세 이상에게 월 300루피(미화 4.36달러), 15세 이하의 아동에게 150루피(미화 2.18달러)를 기본소득으로 주려면 GDP의 3.2%가 비용으로 추산된다(Schjoedt 2016, 6). 기본소득을 시행하지 않고 기존 연금제도를 개선한다 해도 문제가 있다. 인도는 현재 사회보험에 GDP의 0.032%를 지출하고 있어 이웃 네팔 GDP의 0.32%와 비교해도 훨씬 적은 편이다(Schjoedt 2016, 6). 60세 이상에게 연금을 보편화한다면 비용은 월 500루피(미화 7.50달러)로 할 경우 GDP의 0.6%, 월 1,000루피(미화 15달러)로 할 경우 GDP의 1.1%, 2,000루피(미화 30달러)로 할 경우 GDP의 2.2%의 비용이 든다(Schjoedt 2016, 6-7). 이렇게 하면 혜택 수준은 1인당 GDP의 6%에서 25% 사이에 해당한다. 월 2,000루피는 인도의 수준을 국제적 수준인 일반적 생활수준의 20-33%를 제공한다(Schjoedt 2016, 7). 결국 인도가 기본소득제를 성공적으로 시행하게 될지 기대되는 바이다.

제3장

이란의 소득불평등과 민주주의 그리고 기본소득제

이란은 공공분배제에서 기본소득제로

이란은 역사적으로 보면 다른 중동국가, 예를 들어 이라크의 PDS나 인도의 PDS처럼 기본 생필품에 대해서는 어떤 형태로든 모든 국민이 사회보장을 받을 수 있도록 보편적 사회정책을 추진해왔다. 이란에서는 취사 연료, 빵, 쌀, 전기, 가솔린에 대한 가격 보조 기본시스템이 역할을 해왔다(Harris 2017, 154). 문제는 부자들이 절대량에서 보면 더 소비가 많았지만 빈곤층의 경우 보조금이 소비 지출에서 차지하는 비중이 높기 때문에 친빈곤(pro-poor) 정책으로 간주되었다. 따라서 1990년대와 2000년대 PDS는 계속 유지되었다(Harris 2017, 154). 그러나 이란은 2010년 1월 보조금법(Law for the Targeting of Subsidies)을 통해 기존에 유류와 식량 가격을 보조하던 보조금을 없애고 현금으로 지급한다는 법을 의회에서 통과시킨다. 이러한 정책 전환의 배경에는 유류 가격의 문제가 있었다. 1990년대 말 세계 유가가 최저였기 때문에 하타미(Mohammad Khatami) 대통령은 복지기구 예산을 증가시켰다. 이에 반해 2007-2011년 유가가 최고를 기록했기 때문에 아마지네자드(Mahmoud Ahmadinejad) 대통령은 에너지와 기초물품에 대한 보조금을 없애려 했다(Harris 2017, 30). 아마지네자드 대통령이 기본소득제를 시행할 당시에는 국민들이 저항을 할까 봐 염려하여 즉각 시행을 하지 않고 약 11개월이 지난 2010년 12월에 들어서면서 시행하였고 대체로 기본소득제가 성공을 거두었다는 평가가 나왔다. 그러나 집권자가 로하니(Hassan Rouhani) 대통령으로 바뀌면서 이란에서 기본소득제가 실패했다는 쪽으로 기울기 시작하였다(Salehi-Isfahani et al. 2015, 1148).

사실 이란에서 화석연료보조금 폐지를 계획했던 것이 뜻하지 않게 보편적 기본소득 이전(universal basic income transfer)으로 변화된 것이다. 이란에서 기존에 실시되던 유류에 대한 지원제도가 비효율적이고 문제가 있었음에도 불구하고 이란의 지도자들은 정치적 위험이 컸기 때문에 이 문제를 해결하지 못하고 있었다. 1989 – 1997년 라프산자니(Akbar Hashemi Rafsanjani) 정부나 1997 – 2005년 하타미 정부 시절에도 점진적인 방법을 통해 이 문제를 해결하려고 했지만 의회(Majlis)의 반발에 부딪쳐야 했다. 결국 아마지네자드 대통령이 이것을 타개하였다. 에너지와 식량에 대한 보조를 없애고 모든 이란 국민에게 매월 현금을 지불하는 것이다(Salehi-Isfahani and Mostafavi-Dehzooei 2018, 350). 우드(Wood 2010)는 이것을 몽유병(sleepwalking)처럼 세계적인 사회정책으로 가게 되었다고 평가한다. 이란의 기본소득제는 계획에 의해서 만들어진 것이 아니라 기존의 비효율적이고 불평등한 보조금 체제의 결점을 보완하려다 보니 도입된 것이다. 그러나 결국 2013년 대통령으로 선출된 로하니 정부에 들어 보편적인 기본소득이 퇴조하기 시작하였다. 부자들의 경우에는 현금 보조에서 제외하는 경향이 나타난 것이다.

이란의 소득불평등과 빈곤

이란 통계청에 의하면 지니계수는 2009년 0.411에서 2011년 0.370으로 감소하였고 다시 증가한 것은 2015년 이후로 2017년에는 0.398이었다.

〈표 19〉 지니계수

년도	전체	도시	농촌
2009	0.4111	0.3893	0.3824
2010	0.4099	0.3841	0.3809
2011	0.3700	0.3568	0.3394
2012	0.3659	0.3542	0.3347
2013	0.3650	0.3512	0.3243
2015	0.3900	0.3700	0.3400
2016	0.3900	0.3730	0.3362
2017	0.3981	0.3793	0.3559

출처: Statistical Centre of Iran. 2019; 2018; 2013.

〈그림 8〉 지니계수

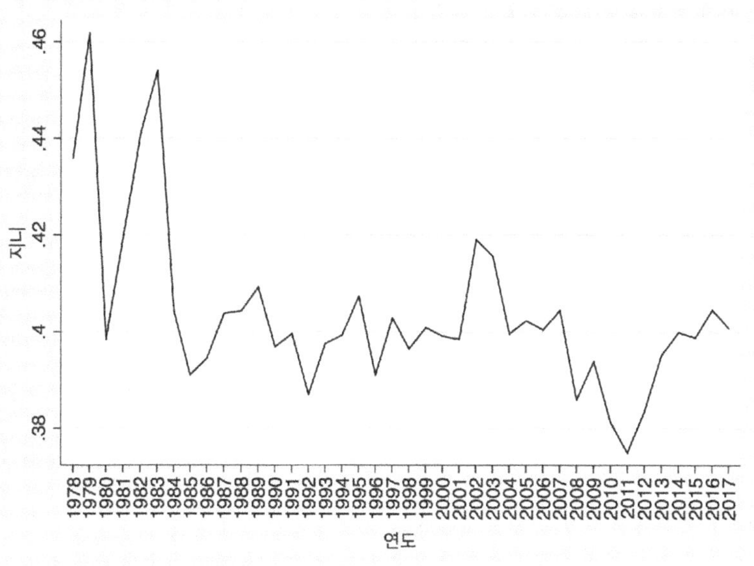

출처: Economic Time Series Database.

이란의 다른 통계자료에 의하면 2009년 0.394에서 2011년 0.375로 감소하였고 2012년에는 다시 상승하기 시작하여 2012년 0.383, 2013년 0.395, 2014년 0.400, 2015년 0.399, 2016년 0.405, 2017년 0.401이라고 보았다.

빈곤은 어떤가? 빈곤은 빈곤선을 기준으로 측정되고 이 빈곤선은 국제적으로 정한 빈곤선이 있고 국가빈곤선이 있다. 이외에도 식량 빈곤선, 빈곤위험인구, 주관적 빈곤을 살펴볼 필요가 있다.

첫째, 국제빈곤선과 관련하여 빈곤은 과거 하루 1달러 또는 1.25달러 이하로 소득을 가지거나 지출을 하는 인구를 빈곤인구라 했던 데 반해 최근에는 세계은행에서 1.90달러로 규정하고 있다. 국제빈곤선인 1.90달러(2011 PPP) 즉 지역통화로 2,022.7 이하 인구가 2012년의 경우 80만 명으로 전체 인구의 2.5%를 차지한다(ASPIRE Database). 중하위 소득계층의 빈곤선은 3.20달러, 이라크 화폐로는 3,406.7디나르 이하 인구는 590만 명으로 17.9%이고 중상층 빈곤선은 5.50달러, 5,855.2 디나르로 1,880만 명으로 전체인구의 57.3%가 빈곤하다(ASPIRE Database).

둘째, 빈곤인구를 측정할 때 각 국가가 정한 국가빈곤선(National Poverty Line) 이하의 인구 비율을 빈곤율이라고 할 수 있다. 국가빈곤선으로 본 이라크 빈곤인구는 2014년 740만 명으로 전체 인구의 약 22.5%를 차지하였다. 국가빈곤율은 2007년 22.4%에서 2012년 18.9%로 3.5%포인트 감소하였다(ASPIRE Database).

셋째, 빈곤선의 경우 식량을 기본으로 정할 수 있다. 이라크에서는 기본필요접근방법(CBN: cost of basic needs approach)에 따라 식량 빈곤선을 최소 2,337칼로리를 섭취할 수 있게 해주는 지출 수준으로 정해졌다. 국가 식량 빈곤선은 2012년 1인당 50,473.26디나르로 정해졌다. 따라서 이라크에서 전체 빈곤선은 식량 빈곤선과 이에 대응하는 푸드 지원(food allowance)의 합계이다(World Bank 2014, 21). 지방의 경우 빈곤선은 쿠르디스탄 빈곤선은 142,410.7디나르, 바그다드 빈곤선은 115,934.7디나르, 이라크 다른 지역은 101,675.9디나르였다(World Bank 2014, 22).

〈그림 9〉 지출에 따른 빈곤 커밀밀도추정

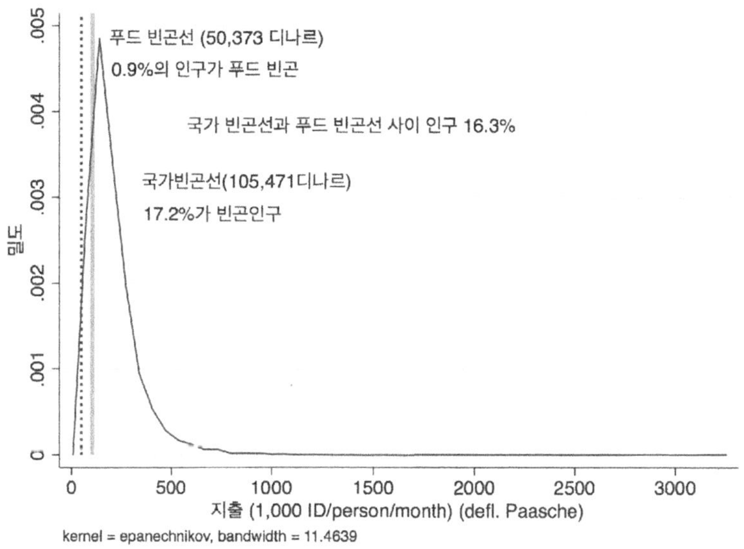

출처: IHSES 2012에서 추산.

이라크에서 빈곤선을 설정할 때 칼로리 섭취를 의미한다는 점에서 지출에서 1인당 월 50,376디나르 이하를 지출하는 식량 빈곤인구, 국가빈곤선인 105,471디나르 이하를 지출하는 국가빈곤선 이하 인구로 빈곤인구를 측정할 수 있다. IHSES 2102 자료를 보면 빈곤인구는 식량 빈곤선으로 할 때 0.9%였고 국가빈곤선으로 할 때 빈곤인구는 17.2%였다.

〈표 20〉 빈곤 인구의 평균 소득(단위: 천 디나르)

변수	관측치	평균	표준편차	최소	최대
식량 빈곤	229	43.58509	5.645335	19.02535	50.37665
빈곤	4286	81.56183	16.7985	19.02535	105.4707

출처: IHSES 2012에서 추산.

그러나 이러한 빈곤을 유럽과 같이 빈곤위험(at-risk-of-poverty) 차원에서 측정할 수도 있다. 2001년 레켄(Laeken)회의 이후 유럽에서 빈곤을 추정하는 방법으로 빈곤위험인구를 사용하고 있다. 빈곤위험인구는 중위소득의 60% 이하 인구라고 규정할 수 있다(Medgyesi 2008, 90-91). 이라크의 경우 중위소득은 375,000디나르, 중위소득의 60%는 225,000디나르로 추정되기 때문에 그 이하 인구를 보면 25.5%가 빈곤위험인구이다. 보통 유럽의 경우 약 25%를 빈곤위험인구로 보기 때문에 유럽의 수치와 비슷한 셈이다.

〈표 21〉 빈곤위험인구의 평균소득(단위: 천 디나르)

변수	관측치	평균	표준편차	최소	최대
빈곤위험 인구	11699	45.32148	53.14144	0	225

출처: IHSES 2012에서 추산.

〈그림 10〉 중위소득 60% 이하 빈곤위험인구 커밀밀도추정

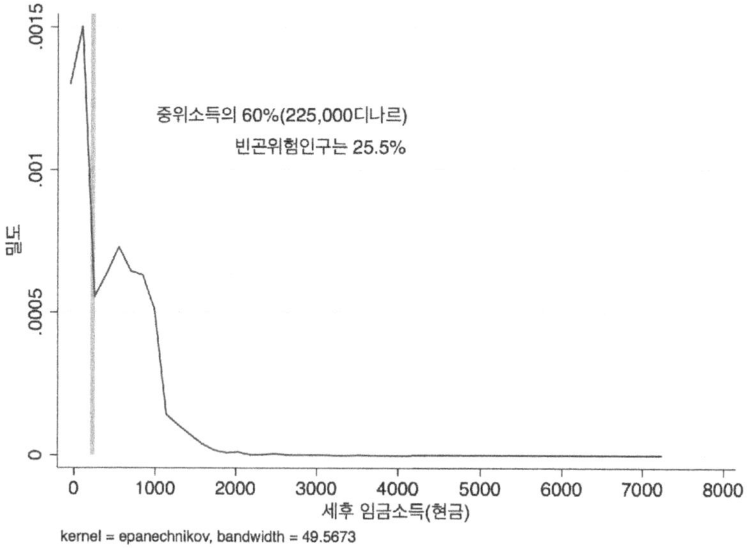

출처: IHSES 2012에서 추산.

주관적 빈곤(subjective poverty) 즉 스스로 빈곤이라고 인식하는 비율은 얼마나 되는지 분석하는 것도 필요하다. 가족상황에 대한 평가에서 빈곤 22.6%, 아주 빈곤 4.8%였고 중간층이라고 생각하는 비율이 60.0%였다.

〈표 22〉 가족의 상황에 대한 평가

	빈도	퍼센트	누적
좋음	12,763	12.64	12.64
만족/중간	60,555	59.97	72.61
빈곤	22,791	22.57	95.19
아주 빈곤	4,860	4.81	100
합계	100,969	100	

출처: IHSES 2012에서 추산.

아마지네자드 대통령은 전임자인 하타미와 라프산자니의 불공정한 경제에 비판적이었다. 전임자들의 개혁, 특히 사유화와 탈규제 정책이 소수의 힘 있는 기업들에게 유리한 정책을 추진했다는 비판이다(Habibi 2013, 2). 그는 사유화법을 개정하여 사유화된 기업의 주식 40%를 저소득층이 아주 낮은 가격에 배분하도록 배정하였다. 이것을 '정의주식(saham-e 'edalat)'이라고 불렀다. 이 주식은 460만 명에게 배분되었고 23억 달러 상당이었다. 나머지 40%는 주식시장에서 팔도록 했다. 그러나 대부분 준국가기관과 재단(bonyads)이 구입하였다(Habibi 2013, 3). 2006년 여름 하메네이(Khamenei)가 국가의 국영기업 주식의 80%를 매매하는 행정명령을 발하자 아마지네자드는 정의주식을 빈곤층 30%에 해당하는 2,100만 명에게 분배한다. 2005년 3월과 2009년 3월 사이에 아마지네자드 행정부가 양도한 총 주식가치는 4,910,300억 리얄로 1990년 3월과 2009년 3월 사이에 양도한 총 주식 가치의 96.6%에 해당하였다(Mohseni 2016, 58).

아마지네자드는 자신을 권위 있는 혁명적 원칙주의자(principlist: usulgaravan)라고 소개했다(Harris 2016, 72; Pesaran 2011, 168). 이란의 정치세력에 대한 모흐세니(Mohseni 2016, 43-44)의 분류에 따르면 우파 신정국가주의(theocratic right), 좌파 신정국가주의(theocratic left), 우파 공화주의(republic right), 좌파 공화주의(republic left)가 있다. 첫째, 우파 신정주의는 이슬람국가 창설을 지지한다. 라리자니(Ali Larijani) 등이 대표하며 시장 상인(bazaari)과 전통적 성직자로 이루어져 있다. 둘째, 좌파 신정국가주의는 사회정의와 평등복지를 주장하며 이슬람과 자본주의는 서로 대립적이라고 보고 있다. 아마지네자드 대통령이 여기에 속하며 전쟁영웅, 이슬람 혁명수비군(Islamic Revolutionary Guard Corps), 동원군(Basij) 및 도시빈민, 하위 중산층으로 이루어져 있다. 셋째, 우파 공화주의는 이란에 중국 모델을 도입할 것을 주장하고 근대화와 경제성장을 주장한다. 라프산자니 전 대통령 그리고 로하니 대통령을 포함해 서구교육을 받은 테크노크라트, 시장 상인, 자본가들이 여기에 속한다. 넷째, 좌파 공화주의는 자유경제, 민주주의를 주장한다. 전 대통령 하타미를 비롯해 도시중산층, 세속적인 지식인들이 여기에 속한다. 이러한 세력들이 서로 합종연횡하는 형태를 보였다. 1980-1988년에는 파벌들 간의 연합이 있었고, 1989-1996년에는 우파 신정국가주의와 우파 공화주의의 연합이 있었다. 1997-2004년에는 좌파 공화주의와 우파 공화주의의 연합이 있었다. 2004년 이후에는 좌파 신정주의와 우파 신정주의의 연합이 있었다(Mohseni 2016, 45-48). 아마지네자드 자신은 종래의 정치규범을 무시하는 '뻔뻔함(por-rui)'의 성향을 가지고 있었다고 평가되기도 한다(Harris 2017, 138).

사실 아마지네자드 대통령은 전임자였던 라프산자니와 하타미에 반대되는 정책 즉, 시장이 퇴출되고 국가가 다시 등장하는 정책을 추진했지만 2년 후에는 이들 전임자가 추진했던 정책과 유사한 정책을 시행했다(Harris 2016, 89). 아마지네자드 대통령은 처음에는 시장 퇴출, 국가 부활을 내걸었지만 나중에는 시장화하는 조처를 취하게 된 것이다(Harris 2017, 212). 1990년대 통과된 라프산자니의 기본사회보험계획(Basic Social Insurance Plan)을 수행한 것이었고 하타미 정부가 제안했던 사회보장 확대를 수행한 것이었다. 따라서 '개혁가 없는 개혁(reformism without reformists)'이었다고도 평가된다(Harris 2016, 90).

기본소득제를 처음 시행한 아마지네자드는 후보시절 선거에서 선거구민의 지지를 얻기 위해 실용주의와 개혁이라는 지난 16년 동안 도외시되어왔던 문제인 사회정의, 인류발전, 이슬람 가치를 강조하였다(Pesaran 2011, 167). 아마지네자드 대통령의 행보를 보면 매 23일마다 지방을 방문하여 작은 도시들과 마을에 수천 개의 발전계획을 위한 자금을 지원하였다(Habibi 2013, 2). 아마지네자드 대통령의 선거 슬로건은 국가의 석유에서 얻은 부를 국민의 식탁으로 가져오겠다는 것이었다(Harris 2017, 189).

이란의 재분배와 기본소득제

기본소득제를 시행한 이유는 여러 가지가 있다.

첫째, 에너지 소비의 증가이다.

이란에서 기본소득제가 시행된 이유는 유류와 식량에 대해 가격 보조를 하다 보니 유류 소비와 식량 소비가 증가했다는 점이다. 이란이 과거 에너지 가격을 보조하던 방식에서 현금 보조 방식으로 채택하여 기본소득을 시행하게 된 배경에는 에너지 소비 증가로 에너지를 수입해야 하는 상황에 처해졌기 때문이다.

2010년 보조금 개혁을 하기 전에는 에너지와 식량에 대해서 보조체제를 가지고 있었다. 식량, 물, 전기, 난방, 연료에 대해서는 실제 가격보다 싼 값에 사용할 수 있었다. 이란의 이슬람혁명으로 가난한 사람들에게 더 좋은 삶을 제공한다는 의미에서 40여 년 동안 이러한 보조는 혁명의 약속을 지키는 일로 생각되었다. 이란의 경우 에너지 소비가 지난 30여 년 동안 매년 약 6% 증가하여 왔다. 에너지 소비 증가 이유는 지난 40여 년의 5%의 경제 성장, 2%의 인구 증가에다가 에너지 보조금이 GDP의 12%에 달했다는 점이다(Moshiri 2015, 178).

2004년 이래 직접 에너지보조가 GDP의 2%에서 8%로 증가하였지만(Moshiri 2015, 178) 오랫동안 이란은 2010년 리터당 10센트로서 페르시아만 가격의 4분의 1 수준이며 유럽 가격의 15분의 1이라는 저렴한 가격으로 세계에서 가장 저렴한 유류 가격을 유지해왔다(Moshiri 2015, 178).

가격보조 개혁 전에는 가장 부유한 10분위가 가장 가난한 10분위보다 가솔린 보조금에서 12배 더 이득을 보았다(Maghsoudi and Ardahaey 2012, 162). 아래 표에서처럼 5분위로 보면 상위 5분위가 보조금 혜택의 41%를 보는 데 반해 하위 1분위는 혜택의 8%밖에 차지하지 못한다.

〈표 23〉 각 분위의 혜택 비중(단위: %)

각 5분위	에너지보조금 혜택에서 차지하는 비중	능유	전기
하위 1분위	8	11	13
2분위	11	17	16
3분위	16	21	19
4분위	24	23	21
상위 5분위	41	28	31

출처: Sdralevich et al.(2014). 2002-2009년의 가구조사에 기초.

문제는 유류에 대해 가격 지원을 하다 보니 소비량이 증가하였다. 에너지 보조금은 에너지 소비를 증가시키고 불평등을 증가시켜 에너지 가격 개혁이 필연적이었다(Moshiri 2015, 177). 2010년경 이란의 에너지 사용량은 GDP 달러당 미국의 1.65배, 스위스의 2.42배, 터키의 2.5배였다(Salehi-Isfahani et al. 2015, 1146). 이렇게 소비가 증가하다 보니 가솔린을 수입할 수밖에 없었고 자원이 풍부한 국가임에도 불구하고 가솔린 수입국가로 전락한 것이다. 이러한 상황을 탈피하여 에너지 소비를 줄이는 것이 필요했다. 산유국인 이란은 석유 수출로 연 700억 달러를 벌어들이지만 국유기업이 국제가격에 훨씬 못 미치는 가격으로 가솔린 등 여러 상품들을 판매함으로써 매년 GDP의 30%에 달하는 1,000억 달러를 손해 본다. 따라서 국내에서 유류 소비지원이 석유 수출보다 더 많은 비용이 들었다(Widerquist 2010). 이러한 상황을 타개하기 위해 기본소득제를 시행하게 된 것이다.

특히 유류 소비는 못사는 빈곤층보다 부자들의 소비가 높았다. 식량에 대한 지출은 부자나 빈곤층이 비슷했으나 에너지 지출은 빈부 간에 큰 격차가 났다. 에너지 지출을 보면 가장 부유한 1분위의 에너지 지출이 가장 가난한 10분위보다 5배가 많았다. 그리고 각 개인별로 에너지 지출이 개인 전체 지출에서 차지하는 비중을 보면 가장 가난한 10분위의 1인당 에너지 지출 비중은 가장 부자 10분위의 1인당 에너지지출 비중보다 2배 이상 많았다(Salehi-Isfahani and Mostafavi-Dehzooei 2018, 349).

기존에는 휘발유는 1리터당 0.10달러, 디젤유 0.02달러였다. 가난한 사람보다 부자가 더 이익을 보는 구조로 70%가 30%의 인구에게 돌아갔다. 게다가 가격 보조를 해주다 보니 소비가 늘어난 것이다(Vanderborght 2010).

보조가 가난한 사람보다는 부자에게 혜택이 더 많이 돌아가고 특히 에너지 보조는 과도한 연료 사용을 부추겨 자원을 낭비하고 환경도 파괴한다는 점이다. 2008년 OECD 국가가 아닌 최상위 20개 국가에서 화석연료에 대한 지원은 4,000억 달러를 상회하였다. 이러한 보조금은 소비 가격을 낮추고 빈곤층의 비용을 낮추려는 방법으로 생각되었다. 문제는 부유층이 더 소비하기 때문에 대부분의 보조금은 부유층에게 돌아갈 수밖에 없다(Wood 2010).

그러나 아마지네자드 정부에 들어서면서 기본소득제가 점차 부각되기 시작하였다. 이란 정부는 2007년 가솔린 배급제를 실시한다. 자동차당 각 개인 소유자는 월 가솔린 1단위당 30개까지 1단위당 0.10달러의 고정 가격으로 살 수 있고 쿼터 이상에 대해서는 1단위당 0.40달러의 고정 가격을 정했다. 그러나 배급제는 에너지 국내 소비에 큰 영향을 미치지 못하고 해외로의 밀수만 감소시켰을 뿐이었다(Moshiri 2015, 178-179).

결국, 2010년 보조금법은 에너지, 수도, 전기 등을 낮은 가격 즉 국제 가격의 20-25%에 파는 관행을 종식시키는 것이었다. 매년 현금으로 250억 달러가 필요했고 기회비용으로 보면 900-1,100억 달러에 달한다(Amuzegar 2014, 150).

2010년 1월 5일 입법되고 2010년 1월 13일 승인된 보조금법을 살펴볼 필요가 있다. 이 법 제1조에서 가솔린, 등유 등은 석유 수출 가격(F.O.B.)의 90%, 석유와 응축가스 95%, 천연가스는 수출가의 75%, 산업용 천연자원은 수출 가격의 65%, 전기에 대해서는 발전소의 39% 기대 수익으로 가격을 정한다고 규정하였다. 제4조에서는 밀, 쌀, 취사연료, 우유, 설탕, 우편서비스, 항공 및 철도 서비스에 대한 보조금개혁을 실시한다고 규정하였다. 인구 2만 명 이하의 마을이나 도시 또는 다른 도시의 취약계층에게 주는 빵 보조는 평균 1인당 보조보다 적어도 50% 더 많아야 한다고 규정하였다. 제7조에서는 이 법 시행으로 얻어지는 순수 자금의 최대 50%는 현금 또는 비현금 지불의 형태로 국가 평균 가구 소득에 비교한 각 가구의 소득에 따라 보조한다고 규정하였다. 제8조는 30%를 기업 등에 보조하도록 규정하였다. 제11조는 20%를 법 시행하는 데 필요한 지출이나 자본 자산에 쓰도록 규정하였다. 제12조는 이러한 보조금에 대해서는 면세하도록 규정하였다. 마지막으로 이 법을 집행할 기관으로 보조금기구(Organization for Targeting Subsidies)를 두어 각 정부 부처가 이 기구의 총회 구성원이 되도록 했다(Law for the Targeting of Subsidies 2009).

사실 아마지네자드 대통령은 처음에는 가격 보조금 폐지에 반대하였다. 교통서비스를 확대시키고 연료 값을 높여 위기를 극복하기를 바랐다. 그러나 보조금이 상승하고 수입 가솔린에 의존하게 되자 입장을 바꿨다. 결국 2008년 12월 의회에 보조금개혁 법안을 제출하고 2010년 1월 승인되었다(Habibi 2013, 3). 사실 18월간의 논쟁과 토론을 거쳤다는 점에서 쉽지 않은 과정이었다(Tabatabai 2012, 21). 이 법안은 5년에 걸쳐 가격보조금을 폐지하고 가솔린과 정유 가격을 국제 가격의 90%까지 올린다는 것이었다(Habibi 2013, 3). 높은 가격이 빈곤층에 미치는 악영향을 완화시키기 위해 저소득 가구에게 현금을 지원한다는 것이었다.

그러나 누구를 대상으로 정하는 것도 쉽지 않았다. 이란통계청이 가구소득조사를 하지만 가구 소득이 명확하지 않았다. 게다가 중산층과 고

소득층에게 현금 지원을 안 하게 되면 폭동이 일어날 것을 두려워했다(Habibi 2013, 4). 이러한 이유 때문에 2010년 1월 보조금개혁법(Subsidy Reform Law)을 통해 그리고 12월 이란의 현금 지원 프로그램(Iranian Cash Transfer Programme)이 시작된 것이다. 이 프로그램은 가격 지원(price subsidies)을 현금 지원(cash subsidies)으로 바꾸는 것이었다. 5년에 걸쳐 이러한 가격 보조를 정기적인 현금 보조로 바꾼다는 것이었다(Vanderborght 2011). 중산층과 고소득층이 상대적으로 더 소비하기 때문에 보조금 폐지는 이들에 반대되는 정책으로 여겨졌다(Harris 2017, 214). 처음에는 소득그룹은 페르시아 문자로 가장 부유한 A와 B 그리고 P 세 그룹으로 분류되었다. 각자에게 문자 메시지로 각자의 소속 집단을 새로 만들어진 보조금개혁조직(Subsidy Reform Organization)에 보내도록 했다. 사람들은 자신이 부유계층에 속해 있는 것을 보고 놀라 반감이 나타났다. 그러자 대통령은 보조금개혁플랜(Targeted Subsidies Reform Plan)을 2010년 12월 시작하면서 누구에게나 보조금을 현금으로 주는 보편적 현금 지급으로 바꿨다(Harris 2016, 91). 처음에는 자산조사를 설정했지만 포기하였다. 자산조사를 하기 위한 행정비용의 문제도 한몫을 하였다. 그러나 현금 지원의 기본소득이 권리로서 논의되지는 않았다(Vanderborght 2011).

결국, 모든 국민에게 매월 현금을 지급하도록 결정이 난다. 에너지 상품의 매매 수입 50%는 가구에게 현금으로 지급하고, 30%는 기업이나 농업 단위에게 분배하고, 나머지 20%는 높은 에너지 비용을 상계하도록 비축하는 것이었다(Habibi 2013, 4). 결국 2010년 12월 19일 계획이 실행되었다. 2010년 개혁으로 20%는 기업들에게 분배하는 것이었는데 12,000개 기업에 대한 조사에서 7,000개 기업이 작업 개선을 하기 위한 목표 보조를 받는 것으로 선정되었다. 그러나 기업에 대한 보조는 개혁 시행 동안 아주 제한적이었다(Sdralevich et al. 2014, 66).

2010년 보조금 수급 대상을 정하는 문제가 없어지고 모든 이란인들에게 45,500리얄을 지급하는 것으로 결정되었다. 소득 구분을 하기 어려운 데다가 모두에게 주는 것이 기술적으로 더 쉬웠고 배제된 사회계급으로부터의 반발도 일어나지 않을 것이기 때문이었다(Harris 2017, 215).

결국, 이란에서 무조건적인 지원 프로그램은 2011년 시작되었다. 이란 인구의 81%인 6,050만 명에게 2개월 1인당 810,000리얄 즉, 80달러를 은행을 통해 지급하였다. 자산 조사 없이 조건 없이 받았다. 나머지 19%는 돈이 필요하지 않았기 때문에 자발적으로 신청하지 않았다(Vanderborght 2010). 나중에는 이란인들의 90%가 지원을 받았다. 월 지원금은 중위가구 소득의 29%에 달했고 가구주에게는 하루 1.50달러 추가 소득이 된 것이다(Murphy 2017).

정부는 455,000리얄을 개인 구좌로 1인당 매월 입금시켰는데 액수로 치면 2,800만 명의 월 지출을 초과하는 액수였다. 비숙련노동자 월 임금의 10% 정도로 4인 가족을 가정할 경우 비숙련노동자 임금의 40% 수준의 액수였다(Salehi-Isfahani et al. 2015, 1148). 아울러 국민들이 계좌를 개설하여 입금을 받는 방법을 채택했다. 이전에도 이란에서 가솔린 배급을 위해 전자카드제도가 2007년 6월 도입되었다(Sdralevich et al. 2014, 58). 농민들도 입금을 받을 수 있도록 농촌에 ATM기를 설치하였고 1,600만 개 계좌를 개설하도록 하였다(Salehi-Isfahani et al. 2015, 1149). 계좌를 개설하자 바로 정부는 입금을 시켰는데 이는 국민들의 신뢰를 얻기 위해서였다. 정의주식 프로그램(Justice Shares program)처럼 약속만 하고 지키지 않는 전례를 비추어 약속을 지킨다는 정통성을 얻으려 했다(Salehi-Isfahani et al. 2015, 1149).

첫 단계에서 석유제품과 천연가스, 전기, 수도, 식량 등을 4배에서 20배까지 가격을 올렸다. 저소득가구는 에너지 소비가 적어 에너지 가격 보조로 얻는 것이 별로 없었는데 현금 지급으로 소득 분배를 개선할 수 있었다(Sdralevich et al. 2014, 51-52).

결국 공격적인 에너지 가격 개혁이 2010년 2월에 시작되었다. 5년 내에 이웃 국가들의 가격 수준의 90%까지 높이고 천연가스의 경우는 수출 가격의 75%까지 높인다는 것이었다(Moshiri 2015, 179). 이렇게 하면 개혁 첫 해에 100-200억 달러의 수익을 가져올 것으로 생각했다. 이러한 가격 인상으로 나타나는 문제를 보완할 수 있도록 펀드의 50%를 가구에, 30%를 기업에, 20%를 재량으로 비용에 사용하도록 했다(Moshiri 2015, 179).

그러나 로하니 정부가 들어서면서 기본소득제가 퇴조하기 시작하였다. 2013년 집권한 로하니 대통령은 현금 급여에 비판적이었다(Salehi-Isfahani and Mostafavi-Dehzooei 2018, 350). 아마지네자드 대통령 반대파들은 현금 지급이 저소득층과 중산층에서 대통령의 인기를 높일 수 있다는 우려를 하였다(Habibi 2013, 4). 정부 측 사람들은 지원 때문에 일하지 않으려 한다는 비난이 이란 언론에서 많이 논의되었고 이란 의회는 프로그램의 예산 삭감을 주장하고 결국 2016년에 보편적인 현금 지원은 포기되고 저소득 계층에게만 받도록 했다(Murphy 2017).

이란의 원유 수출은 2011년 하루 250만 배럴에서 2012년 150만 배럴로 약 40% 감소하였다. 이란 환율은 80% 이상 추락했고 인플레는 2013년 32% 올랐다. 이란의 복지 손실은 2006-2012년 이란 GDP의 1-3%에 달하는 액수로 약 57억 달러였다(Khabbazan and Farzanegan 2016, 216).

결국, 정부에 가기로 한 20%는 없어졌고 기업으로 가기로 한 30%는 삭감되었다(Amuzegar 2014, 151). 2014년 3월 보조금 수혜자 중 30%를 제거하는 데 의회(Majlis)가 투표하였다(Amuzegar 2014, 153). 이란 의회가 발표한 기준에 따르면 로하니 정부는 12달러의 월 현금 지불을 월 소득 900달러를 넘는 사람들에 대해서는 포기한다는 것이다. 로하니 정부는 부자에게 현금 지급을 하지 않기 위해 여러 가지 구실을 찾았다. 로하니 정부는 월 복지수혜자가 이란 전체의 인구인 7,700만 명보다 77,000명이 더 많은 것을 발견하였다(Amuzegar 2014, 151).

정부는 보조프로그램을 지원하는 데 어려움을 겪었기 때문에 점차 부유층을 배제시키려 하였다. 보조금을 7,300만 명은 신청하였지만 약 250만 명은 신청하지 않았다. 2016년 1월 정부는 자산 조사를 통해 추가로 330만 명을 보조프로그램에서 제외시킨다는 발표를 하였다(McFarland 2016). 2016년 4월 이란 인구의 3분의 1인 2,400만 명이 현금 지원에서 배제되었다(McFarland 2016).

이란에서의 기본소득의 효과를 어떻게 평가할 수 있는가? 기본소득이 어떤 결과를 가져왔는지는 이란 내에서 찬반이 대립되었다. 로하니 대통령은 아마지네자드 대통령과 달리 현금 지급의 기본소득제에 비판적이었다. 기본소득제를 반대하는 측은 기본소득이 노동 의욕을 감소시킨다는 것이었다. 그럼에도 불구하고 IMF의 평가에 따르면 이란의 보조금개혁은 유류나 식량 모두 '부분적으로 성공적(partially sucessful)'이었다(Sdralevich et al. 2014, 31).

기본소득 프로그램으로 유류 소비가 크게 줄었다. 개혁 전후 즉 2010년과 2011년을 비교하면 평균 1일 휘발유 소비는 5.6% 감소, 디젤유 10% 감소, 액화가스 10.6% 감소, 용광로오일 36.5% 감소, 전기 8% 감소를 가져왔다. 매년 평균 10%의 소비 증가세를 보이던 것이 오히려 감소를 기록한 것이다(Citizens' Income Trust 2012). 다른 평가에 의하면 보조금 받는 제품의 소비는 줄어들어 2009년에 비해 2011년 액화유(liquid oil)는 3% 감소하였고 전기는 2%로 감소하였다. 그러나 인플레로 인해 2012년 다시 증가하였다(Sdralevich et al. 2014, 52).

가격도 올랐다. 2008년 밀가루 가격은 이란에서 1킬로그램당 1센트 이하로 국제 가격과 큰 차이가 났다. 2010년 킬로그램당 1센트에서 28센트로 가격을 올렸다. 밀가루 소비가 2009년에서 2011년 10% 감소하였다(Sdralevich et al. 2014, 89). 문제는 에너지 소비는 감소하였지만 다른 재화와 용역은 가격이 증가하였다는 것이다(Habibi 2013, 4). 아마지네자드 대통령 집권 처음 7년 동안 평균 인플레는 17%로 전임 대통령인 하타미 전 대통령의 처음 7년 동안 평균 인플레 15.6% 보다 높았다. 2011년과 2012년 인플레는 20%에 달했다(Habibi 2013, 6).

2010년 2월 가솔린 가격은 자동차당 쿼터인 60단위에 대해 1,000리얄에서 4,000리얄로 4배 증가하였다. 천연가스는 가구에 대해서는 100-130리얄에서 700리얄로 7배 증가했고 발전소에 대해서는 50리얄에서 800리얄로 15배 증가하였다. 전기 가격은 킬로와트당 160리얄에서 450리얄로 3배 증가하였다(Moshiri 2015, 179).

결국, 아래 표에서 보는 것처럼 유류 가격을 개혁 전과 개혁 후를 비교하면 액화가스는 가솔린은 4배, 등유 6배, 연료유 20배, 전기 2.5배, 천연가스 12배가 올랐다.

〈표 24〉 개혁 전후 유류 가격

	개혁 전	개혁 후
액화가스	57.2	1,800
가솔린	1,000	4,000
등유	165	1,000
경유	165	1,500
연료유	94.5	2,000
전기	165	409.5
천연가스	104.5	1,200

출처: Kafaie and Garshasbi(2016).

그러면 소비는 얼마나 변화가 있었는지 살펴볼 필요가 있다. 2011년 1일당 소비가 가스오일 507배럴, 연료유 343배럴, 가솔린 360배럴, 등유 125배럴이던 것이 2013년 각각 576배럴, 428배럴, 465배럴, 149배럴로 감소하지 않고 오히려 증가하였다. 감소세를 보인 것은 2013년 이후로 2015년에는 각각 548배럴, 326배럴, 463배럴, 126배럴로 감소하였다.

높은 에너지 가격이 가구에 미치는 영향을 줄이고 소득분배를 개선하기 위해 가구에게 보상금을 지불하는 에너지 가격 개혁이 시행되기도 한다. 문제는 에너지 가격 개혁을 한다고 해서 에너지 소비가 낮아진다고 할 수 없고 인플레나 실업률이 높은 상황에서는 빈곤층이 혜택을 보지 못하는 경우가 생긴다는 것이다(Moshiri 2015, 178).

〈그림 11〉 에너지 소비 추세(단위: 1,000배럴/1일)

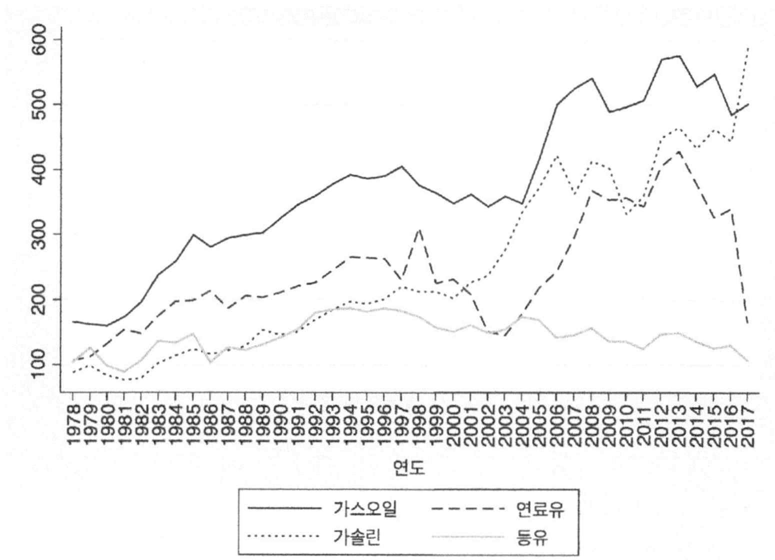

출처: Economic Time Series Database. 이란력은 그레고리역으로 보면 매년 3월 21일에 신년이 시작된다. 따라서 이란의 1395년은 서구의 2016년 3월 21일~2017년 3월 20일까지이다. 여기서는 1395년을 2016년으로 표기하였다.

직접 보조금 지급으로 소득분배가 개선되어 첫 3개월 빈곤율은 약 5% 감소하였다. 지니계수도 2010년 0.41에서 2011년 0.37로 감소하였다. 그러나 인플레로 인해 2012년부터 소득분배 효과가 없어지기 시작하였다(Sdralevich et al. 2014, 52).

정부가 책정한 1인당 월 455,000리얄의 현금보조가 등록한 가구의 가구

주에게 지급된다. 따라서 각 분위별로 보면 고소득층은 불충분할 수밖에 없다. 아래 표에서처럼 도시에서 충분하다고 생각하는 계층은 하위 40%, 농촌에서는 하위 70%이다. 이에 반해 불충분하다고 생각하는 계층은 도시에서 상위 60%, 농촌에서 상위 30%이다.

〈표 25〉 각 10분위의 현금 급여 적절성(단위: 리얄)

각 10분위	도시	농촌		
1분위	207,254	충분	164,547	충분
2분위	290,495	충분	224,462	충분
3분위	346,871	충분	260,841	충분
4분위	405,352	충분	294,491	충분
5분위	464,197	불충분	333,981	충분
6분위	544,687	불충분	377,756	충분
7분위	647,694	불충분	442,692	충분
8분위	816,666	불충분	524,875	불충분
9분위	1,147,909	불충분	671,846	불충분
10분위	1,926,133	불충분	1,260,123	불충분

출처: Kafaie and Garshasbi(2016).

기본소득제의 퇴조

이란의 기본소득제는 2011년 실시되었지만 정권이 바뀜에 따라 2013년부터 약간 퇴조하기 시작하였다. 2010년 세계에서 처음으로 기본소득제를 시행한 국가로서 당시 정부 당국자들은 에너지 가격을 높임으로써 기금의 50%가 국민에게, 나머지 50%가 기업과 정부에게 돌아갈 것으로 생각했다(McFarland 2016). 이란의 기본소득은 미국의 알래스카에서 시행되었던 기본소득제와 비슷하지만 일부 지방에서 시행된 것이 아니라 전국적으로 시행되었다는 점이 다르다. 이란에서 전 인구의 95%인 7,500만 명이 참여하였고 노동과는 관계없이 받았다(Salehi-Isfahani and Mostafavi-Dehzooei 2018, 351).

복지국가의 개념은 지대국가(rentier state)와는 대조되는 것으로 간주된다(Harris 2017, 23). 복지국가는 세금을 통한 자원의 일부를 재분배하여 사회보장을 제공하는 데 반해 지대국가는 세금이 아닌 석유판매와 같은 외부적 지대수익을 분배하는 것이다. 따라서 개인은 사회보장을 지도자로부터의 보상이라고 생각한다. 이란에서의 사회복지는 자선(charity)이며 사회계약이 아니다. 이란 신문들에서도 지대국가 이론을 항상 보게 된다. 지대국가에서는 사회계급이 국가에 고용, 자본, 복지를 의존한다(Harris 2017, 23-27). 결국 서구에서는 '대표 없이는 과세 없다(No taxation without representation)'고 이야기하지만 이란에서는 과세가 없기 때문에 정치 대표의 압력도 없다(Harris 2017, 28).

당시 법정 월 최저임금이 490만 리얄인 데 반해 월 급여가 45만 5천 리얄이었다는 점에서 월 급여는 최저임금의 10분의 1에도 못 미치는 셈이다(Amuzegar 2014, 151). 새로운 법에 의하면 정부는 증가 수입의 반절은 정부서비스에 사용하고 나머지 반절은 국민들에게 직접 배분한다. 월 1인당 월 60달러, 연 720달러를 주게 되는 것이다. 이 수준은 빈곤선에도 못 미치는 액수이기는 하다. 이란의 1인당 소득은 연 3,500달러로 미국 알래스카 42,000달러의 10분의 1이다. 이란의 수혜자 총 숫자는 알래스카의 100배가 된다(Widerquist 2010). 월 5인 가족은 합해서 200달러를 받는데 대략 월 최저임금의 3분의 2 수준이다. 생존소득에도 못 미치는 셈이다

(Vanderborght 2010). 게다가 기본소득제가 간편하기는 하지만 자산조사를 통해 빈곤층에게만 보조금을 주는 것보다 비용이 더 많이 드는 것이 문제였다(Harris 2017, 215).

여전히 이란에는 복지의 문제가 있다. 현재 이란은 1,200만 명이 빈곤으로 추정된다. 이 중 600만 명은 호메이니 구호재단(Behzizty Organization)이나 자선단체인 재단 등 여러 복지기관의 혜택을 받고 있다. 다른 600만 명의 수혜자는 빈곤선 이하 인구로 최저 20%의 소득자는 하루 현금으로 2달러가 주어진다(Amuzegar 2014, 155). 2012년 두 기구가 보험인구의 75% 이상을 점하고 있다. 재단(Bonyads)이 가장 크고 IKRC(Imam Khomeini Relief Committee)가 10% 정도를 커버하고 있다(Harris 2016, 75). 2011년 복지사회보장부(Ministry of Welfare and Social Security)가 코러라티브, 노동사회복지부(Ministry of Cooperatives, Labor and Social Welfare)로 병합된다. 아울러 기본보험펀드(Basic Insurance Fund)가 만들어져 보편적 커버리지를 위해 건강보험펀드를 하나로 통합한다(Harris 2016, 76).

이란의 기본소득제가 퇴조하기 시작한 이유는 내부적 요인도 있지만 외부적 요인인 미국 등의 경제제재도 일조를 했다고 평가할 수 있다. 이란 경제는 제재로 인해 타격을 크게 입었다. 유럽과 일본의 제재로 인해서 이란 석유 수출의 57%가 금지되었다. 거시 지표들인 총수입 20%, 총수출 16.5%, 개인 소비 3.9%, 자본소득 3.8%, GDP 2.2%, CPI 0.8% 감소하는 영향을 받았다. 순간접세 23.6%, 실질환율 13%, 노동소득 8.7% 감소를 겪었다(Farzanegan et al. 2016, 204).

이란의 기본소득제가 지금은 부자들에 대한 현금 지급을 폐지함에 따라 기본소득제의 보편성이 무너지고 있고 유가가 낮으면 재원의 문제가 발생하고 인플레 등으로 혜택이 상쇄되는 등 기본소득제의 퇴조 현상을 보이고 있다. 그럼에도 불구하고 기본소득제를 세계적으로 처음 국가적 차원에서 시행했다는 점에서 이란의 케이스는 의의가 크다.

제4장

이라크의 권위주의와 소득불평등

이라크는 상위 중소득 국가이지만 취약한 국가

이라크는 석유자원이 많은 국가이지만 독재정치의 연속 그리고 전쟁과 내전 등으로 정치적 불안이 심했던 국가이다. 세계은행의 평가에 의하면 이라크는 상위 중소득 국가(upper middle-income)이며 자원이 풍부한 국가이지만 동시에 취약한 국가(fragile state)이면서 갈등이 많은 국가이다. 흔히들 이라크의 발전을 저해하는 요소로서 석유의 부, 지리적 인구적 다양성, 거버넌스 실패를 이야기한다. 문제는 이러한 풍부한 석유 자원, 다양한 종교와 종족이라는 풍요와 다양성에도 불구하고 거버넌스가 잘못되었기 때문에 국가의 정통성은 약화되고 빈곤이 계속되어 이라크를 곤경에 빠지게 했다는 것이다(World Bank 2017, 1). 이러한 점들은 권위주의체제의 문제라고 할 수 있다.

첫째, 이라크의 정치경제를 설명할 수 있는 지대국가, 사회계약, 경쟁적 권위주의의 논리를 제시하고 설명한다. 둘째, 이라크 정부는 어떤 재분배와 사회안전망 정책을 추진하고 있는지를 분석한다. 셋째, 이라크에서 소득불평등과 빈곤이 어느 정도인지를 분석한다. 데이터로는 2012년 이라크가구사회조사(IHSES: Iraq Household Socio-Economic Survey)와 2013년 아랍바로미터(Arab barometer III)를 사용한다. IHSES는 세계은행의 지원으로 이라크 정부가 2012년 이라크의 118개 구(gadahs)에 대해 시행한 서베이 조사이다. 1지구당 216개 가구로 총 25,488가구를 대상으로 조사했으며 최종 샘플은 24,944개 가구, 176,042명이다. 아랍바로미터 3차 조사는 아랍국가들을 대상으로 한 서베이 조사로 이라크의 경우 2013년 6월에 조사가 실시되었으며 샘플 수는 1,215명이다. 도시 840명, 농촌 375명이다.

이라크의 소득불평등과 빈곤

이라크에서 권위주의 정권이 재분배와 사회보장정책을 추구해왔는데 이라크의 소득불평등과 빈곤은 어느 정도인지 실제 데이터를 통해 분석하고자 한다. 임금소득에 따른 소득불평등을 살펴보고자 한다. 원래 선진국들은 소득을 기준으로 하여 불평등 지니계수를 산출하는 반면 후진국들은 지출을 기준으로 지니계수를 산출한다. 소득으로 산출하면 불평등이 높아 보이는 반면 지출로 산출하면 불평등이 낮아 보이는 측면이 있다(IMF 2007, 144-145).

우선 이라크에서 세금이나 연금을 제하고 나서 통상적으로 받는 월 현금소득은 얼마나 되는지를 IHSES 2012를 통해 추산해보면 평균 677,161디나르(N: 17,510명)였다. 아래 그림에서 보는 것처럼 직종별로는 정부부문(government sector)이 724,992디나르로 가장 많았고 혼합부문(mixed sector) 635,814디나르 등의 순위였고 사영부문(private sector)이 454,207디나르로 가장 적었다. 정부부문과 사영부문의 소득 차이는 거의 1.6배에 달했다.

임금 소득의 불평등의 경우 아래 표에서 보듯 모든 임금, 월급, 지대 상여금 등을 포함한 총소득에 대한 지니계수는 0.369였고 월 가구소득에 대한 지니계수는 0.314였다.

〈그림 12〉 직종별로 본 소득과 수당(단위: 1,000디나르)

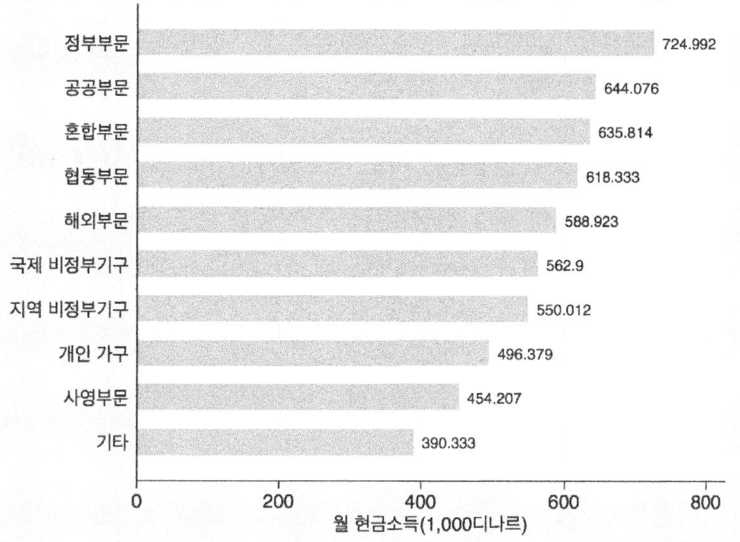

출처: IHSES 2012에서 추산.

〈표 26〉 총소득 및 가구소득 지니계수

변수	추정치	표준편차	하한	상한
총소득 지니	0.368916	0.021896	0.32594	0.411891
가구소득 지니	0.314243	0.012133	0.290436	0.33805

출처: Arab Barometer III에서 추산. 총소득 지니 N: 866명, 가구소득 지니 N: 1,090명.

소득불평등과 관련하여 아래 표에서 보듯 월급소득자 17,510명 중 세후(after tax) 및 연금을 내고 난 월 현금소득에 따라 소득불평등을 보면 지니계수는 0.288이었다.

〈표 27〉 세후 현금소득에 지니계수

변수	추정치	표준편차	하한	상한
세후 월 현금소득 지니	0.287542	0.001851	0.283914	0.291171

출처: IHSES 2012에서 추산. 월급소득자 N: 17,510명.

지역적으로 본 소득불평등은 어느 정도인가? 이라크는 18개 주로 이루어져 있다. 아래 표의 세후 현금소득의 불평등을 보면 바빌 0.348, 와시트 0.341, 키루쿠크 0.333, 니나와 0.322로 불평등이 높았다. 이에 반해 디카르 0.247, 마이산 0.250, 아르빌 0.257, 디얄라 0.258로 낮았다.

〈표 28〉 세후 현금소득에 따른 불평등

집단	추정치	표준편차	최소	최대
다후크(Dahuk)	0.293215	0.006200	0.281062	0.305367
니나와(Ninawa)	0.322095	0.010227	0.302049	0.342142
술라이마니야 (Sulaymaniyah)	0.260894	0.004168	0.252723	0.269064
키르쿠크(Kirkuk)	0.332617	0.011529	0.310018	0.355216
아르빌(Arbil)	0.257345	0.006327	0.244943	0.269747
디얄라(Diyala)	0.258330	0.008033	0.242584	0.274076
안바르(Anbar)	0.302631	0.006118	0.290640	0.314622
바그다드(Baghdad)	0.273279	0.006208	0.261111	0.285446
바빌(Babil)	0.347772	0.012860	0.322565	0.372979
카르발라(Karbala)	0.263329	0.010760	0.242238	0.284421
와시트(Wasit)	0.340847	0.009642	0.321948	0.359747
살라아드딘(Salah ad Din)	0.294255	0.006692	0.281137	0.307372
나자프(Najaf)	0.305272	0.011180	0.283357	0.327187
카디시야(Qudisiya)*	0.264844	0.010730	0.243812	0.285877
무사나(Muthana)	0.280945	0.009826	0.261685	0.300205
디카르(Dhi-Qar)	0.247239	0.008807	0.229975	0.264502
마이산(Maysan)	0.250389	0.008091	0.234529	0.266248
바스라(Basra)	0.284137	0.006912	0.270589	0.297685
이라크 전체	0.287542	0.001851	0.283914	0.291171

출처: IHSES 2012에서 추산. *현 디와니야(Diwaniyah)

빈곤은 빈곤선을 기준으로 측정되고 이 빈곤선은 국제적으로 정한 빈곤선이 있고 국가빈곤선이 있다. 이외에도 식량 빈곤선, 빈곤위험인구, 주관적 빈곤을 살펴볼 필요가 있다.

첫째, 국제빈곤선과 관련하여 빈곤은 과거 하루 1달러 또는 1.25달러 이하로 소득을 가지거나 지출을 하는 인구를 빈곤인구라 하였던 데 반해 최근에는 세계은행에서 1.90달러로 규정하고 있다. 국제빈곤선인 1.90달러(2011 PPP) 즉 지역통화로 2,022.7디나르 이하 인구가 2012년의 경우 80만 명으로 전체 인구의 2.5%를 차지한다(ASPIRE Database). 중하위 소득계층의 빈곤선은 3.20달러, 이라크 화폐로는 3,406.7디나르 이하 인구는 590만 명으로 17.9%이고 중상층 빈곤선은 5.50달러 즉, 5,855.2 디나르로 1,880만 명으로 전체인구의 57.3%가 빈곤하다(ASPIRE Database).

둘째, 빈곤인구를 측정할 때 각 국가가 정한 국가빈곤선(National Poverty Line) 이하의 인구 비율을 빈곤율이라고 할 수 있다. 국가빈곤선으로 본 이라크 빈곤인구는 2014년 740만 명으로 전체 인구의 약 22.5%를 차지하였다. 국가빈곤율은 2007년 22.4%에서 2012년 18.9%로 3.5%포인트 감소하였지만(ASPIRE Database) 2014년 다시 증가한 것이다.

셋째, 빈곤선의 경우 식량을 기본으로 정할 수 있다. 이라크에서는 기본필요접근방법(CBN: cost of basic needs approach)에 따라 식량 빈곤선을 최소 2,337칼로리를 섭취할 수 있게 해주는 지출 수준으로 정해졌다. 국가 식량 빈곤선은 2012년 1인당 50,473.26디나르로 정해졌다. 따라서 이라크에서 전체 빈곤선은 식량 빈곤선과 이에 대응하는 식량 지원(food allowance)의 합계이다(World Bank 2014, 21). 지방의 경우 빈곤선은 쿠르드 빈곤선은 142,410.7디나르, 바그다드 빈곤선은 115,934.7디나르, 이라크 다른 지역은 101,675.9디나르였다(World Bank 2014, 22).

이라크에서 빈곤선을 설정할 때 칼로리 섭취를 의미한다는 점에서 지출에서 1인당 월 50,376디나르 이하를 지출하는 식량 빈곤인구, 국가빈곤선인 105,471디나르 이하를 지출하는 국가빈곤선 이하 인구로 빈곤인구를 측정할 수 있다. IHSES 2102 자료를 통해 추산해보면 빈곤인구는 식량 빈곤선으로 할 때 0.9%였고 국가빈곤선으로 할 때 빈곤인구는 17.2%였다. 아래 표에서 보듯 식량빈곤의 평균소득은 43,585디나르, 빈곤의 평균소득은 81,562디나르였다.

〈표 29〉 빈곤인구의 평균소득(단위: 1,000디나르)

변수	관측치	평균	표준편차	최소	최대
식량 빈곤	229	43.58509	5.645335	19.02535	50.37665
빈곤	4286	81.56183	16.7985	19.02535	105.4707

출처: IHSES 2012에서 추산.

그러나 이러한 빈곤을 유럽과 같이 빈곤위험(at-risk-of-poverty) 차원에서 측정할 수도 있다. 2001년 레켄(Laeken)회의 이후 유럽에서 빈곤을 추정하는 방법으로 빈곤위험인구를 사용하고 있다. 빈곤위험인구는 중위소득의 60% 이하 인구라고 규정할 수 있다(Medgyesi 2008, 90-91). 이라크의 경우 중위소득은 650,000디나르, 중위소득의 60%는 390,000디나르로 추정되기 때문에 그 이하 인구를 보면 20.9%가 빈곤위험인구이다. 보통 유럽의 경우 약 25%를 빈곤위험인구로 보기 때문에 유럽의 수치와 비슷한 편이다. 아래 표에서 보듯 빈곤위험인구의 평균소득은 248,693디나르였다.

〈표 30〉 빈곤위험인구의 평균소득(단위: 1,000디나르)

변수	평균	표준편차	95% 신뢰구간	
빈곤위험인구	248.6931	1.537832	245.6788	251.7074

출처: IHSES 2012에서 추산.

빈곤을 이야기할 때 박탈(deprivation)에 대해서도 중요하게 생각한다. 인간의 기본적인 필요를 해결할 수 있는 항목들이 부족한 것을 말하는 것이다. 아래 표에서 보듯 교육 박탈 27.9%, 사회보장 박탈 32.6%, 경제상황 박탈 32.1%, 생활수준 박탈 27.9%, 주거 박탈 28.7%, 인프라 박탈 52.8%, 건강 박탈 26.8%였다.

〈표 31〉 기본적 필요의 박탈 비율 2011년(단위: 가구, %)

지방	교육	사회보장	경제상황	생활수준	주거	인프라	건강
다후크	40.4	34.5	43.5	33.7	30.4	30.2	39.8
니나와	30.8	29.1	47.6	33.5	23.1	55.3	28.1
술라이마니야	29.8	30.3	16.6	24.6	35.0	35.6	29.2
키르쿠크	22.2	33.7	21.4	20.6	13.5	61.8	29.2
아르빌	33.7	31.3	21.3	25.9	31.1	32.9	38.0
디얄라	16.4	49.3	42.4	32.9	18.3	83.8	30.3
안바르	15.1	29.5	25.9	10.3	3.9	48.2	15.8
바그다드	16.7	35.9	19.9	17.8	28.2	34.3	21.0
바빌	40.3	27.0	36.0	34.5	35.1	74.4	23.0
카르발라	52.1	28.1	39.1	32.7	39.0	59.5	13.1
와시트	32.7	26.1	39.3	35.5	34.5	59.6	37.3
살라아드딘	33.6	39.9	36.7	33.1	21.0	72.3	21.7
나자프	38.6	29.2	40.4	29.6	33.0	40.5	18.4
카디시야*	39.3	34.1	44.2	44.3	46.5	63.5	39.0
무사나	46.3	35.0	53.0	44.3	39.1	63.4	26.1
디카르	35.8	33.6	48.7	42.1	45.2	74.7	26.4
마이산	51.7	31.3	36.8	55.8	44.5	87.9	53.1
바스라	21.6	20.0	38.1	26.3	25.5	66.4	27.7
이라크	27.9	32.6	32.1	27.9	28.7	52.8	26.8

출처: CSO(2012). *현 디와니야(Diwaniyah)

〈표 32〉 가족의 상황에 대한 평가(단위: 명, %)

	빈도	퍼센트	누적
좋음	12,763	12.64	12.64
만족/중간	60,555	59.97	72.61
빈곤	22,791	22.57	95.19
아주 빈곤	4,860	4.81	100
합계	100,969	100	

출처: IHSES 2012에서 추산.

〈그림 13〉 민주주의, 정부만족도, 부자과세 평균

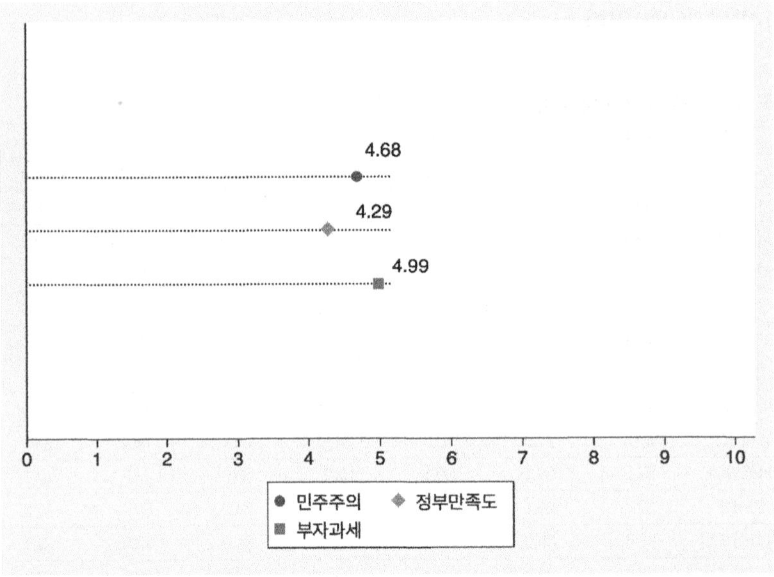

출처: Arab Barometer III에서 추산. 부자과세와 관련 원 설문에는 부자과세 0에서 부자 감세 10으로 했으나 여기서는 부자감세 0에서 부자과세 10으로 데이터를 변환.

주관적 빈곤(subjective poverty) 즉 스스로 빈곤이라고 인식하는 비율은 얼마나 되는지 분석하는 것도 필요하다. 아래 표에서 보듯 가족상황에 대한 평가에서 빈곤 22.6%, 아주 빈곤 4.8%였고 중간층이라고 생각하는 비율이

60.0%였다. 주관적 빈곤도 거의 27.4%에 달한다고 평가할 수 있다.

이러한 상황에서 이라크인들은 민주주의 아님 0에서 완전 민주주의 10으로 할 때 민주주의를 4.68로 보고 있고 정부만족도도 완전 불만족 0에서 완전 만족 10으로 할 때 4.29였다. 불평등에 따라 부자과세와 관련하여 부자감세 0에서 부자과세 10으로 할 때 4.99에 불과했다. 정부만족도도 나쁜 데다가 민주주의라고 생각하고 있지 않으며 부자과세에 대해 별로 재분배의 압력은 많지 않다.

이라크의 권위주의

이라크의 권위주의는 지대국가적 권위주의, 사회계약적 권위주의, 경쟁적 권위주의라고 할 수 있다. 유세프(Tarik Yousef)에 의하면 중동에서 개입주의적-재분배주의 모델(interventionist-redistributive model)을 형성하게 했던 요인으로 세 가지 요인을 들고 있다. 첫째, 세계적으로 1930년대 대공황 이후 국가가 복지의 주요 제공자로 등장했다는 것이다. 둘째, 오토만 제국 이후 국가형성 과정에서 근대적 의미의 시민권을 상소하면서 국가를 공공복지의 행위자로 인식하게 되었다는 것이다. 셋째, 석유 자원이 발전 모델을 유지하는 데 역할을 했다는 것이다(Yousef 2004, 93-95). 사실 데바라잔과 모타기(Devarajan and Mottaghi 2015, 12)가 지적하듯 중동 및 북아프리카(MENA: Middle East and North Africa) 지역에서 독립 이후 다소 유사한 발전을 해왔으며 국가가 모두에게 건강과 교육을 무상으로 제공하고 식량과 연료도 GDP의 10%까지 지원한다. 그리고 공공부문이 주요 공식적 고용인이다. 국가가 이러한 비용을 제공해주는 대신 시민들의 불만은 작아지는 것이다.

첫째, 이라크는 지대국가적 권위주의 국가이다. 쉬워쯔(Schwarz 2103, 40-43)에 따르면 이라크의 근대국가는 특히 1958-1980년은 지배국가 패러다임에 따르는 체제였고 1980-2003년의 이라크 역사는 지배국가의 실패를 보여주는 것이라고 지적한다. 풍부한 석유수입을 이용하여 분배능력을 증가시키고 정치지배가 개인화되고 파트롱 네트워크(patronage networks) 체제로 변화된 것이다. 이라크에서 국가수입의 95%가 석유에서 나오지만 석유지대주의(oil rentierism)는 이라크의 국가건설을 저해해왔고 석유는 권위주의의 도구로 사용되었다(Mansour 2018, 25).

지대국가에서는 정부가 정부의 손에 들어온 지대를 국민에게 재분배한다. 사회이익집단들이 정부의 지대를 더 받기 위해 조직화된다. 시민권을 가지고 있으면 경제혜택을 받는 것이다. 충성과 복종을 돈으로 사는 종족적 전통이 국민에게 혜택을 나누어주는 복지국가(Etat providence)로 강화된다. 국가가 강제나 세금으로 공공재를 제공하는 역할이 아랍석유국가에서는 지배자의 호의를 통해 사적인 혜택의 제공자로 변질되는 것이다. 국민들도 사실상 세금이 없어져 정치참여에 소극적이게 된다(Beblawi 1987, 53). 아울러 국가가 고용주로서 거의 사회주의 국가와 비슷하다(Beblawi 1987, 55).

지대국가는 비지대국가(non-rentier state)와 차이가 있다. 비지대국가에서는 국가가 국민에게 세금을 부과함으로써 과세에 대한 규정과 절차가 만들어지고 관료제가 만들어진다. 적절한 세금에 대해서는 최소한의 합의가 만들어진다. 대신에 국가는 국민과 '대표 없이는 세금 없다(no taxation without representation)'는 것을 합의한다. 그러나 지대국가에서는 그러한 합의가 필요 없다. 지대국가는 받은 지대로 사용하여 통치를 하기 때문에 정교한 관료제가 필요하지 않다. 아울러 생산 지향적인 행태에 대해서는 관심이 없고 소득 분배에만 관심이 집중되어 있다. 지대국가는 강한 국가를 만드는 것과는 거리가 멀다. 오히려 '관세 없이는 대표 없다(no representation without taxation)'는 것이 합리화되는 것이다(Vandewalle 1987, 159-160).

문제가 없는 것은 아니다. 자원의 분배가 정권 안정에 중요한 역할을 했는데 자원에 문제가 생기면서 국내적으로 불안정이 증가한다. 결국 지대국가는 제도적으로 약한 국가를 가져올 뿐만 아니라 지대국가의 파멸을 초래한다는 주장이다(Schwarz 2103, 57). 문제는 정부가 가져가는 석유 수입의 대부분이 사회의 전체적인 생산 증가와는 관계가 없다는 것이다(Abdel-Fadil 1987, 83). 석유지대 국가들이 많은 수입을 제품생산 능력 배양에 쓰기보다는 고속도로나 주택에 쓴다는 것이다. 그 이유는 정치적 효과를 바로 볼 수 있기 때문이다(Abdel-Fadil 1987, 84). 따라서 풍부한 석유자원은 석유의 저주(curse of oil)를 초래할 수 있다.

둘째, 사회계약적 권위주의 국가이다. 국민들이 권위주의 정부를 정치적으로 인정하는 대신에 국가는 국민에게 지대를 지불한다는 의미에서이다. 이러한 것을 사회계약이라고 이야기한다. 국가는 국민이 정치적으로 국가를 지지하는 대신 국가는 국민에게 고용과 보조금을 제공해주는 체제이다(ESCWA 2015, 62). MENA 지역 국가들은 독립 후 비슷한 발전 정책을 추진해왔고 국가가 건강과 교육에 대해서는 무료로 제공하고 식량과 연료는 보조하여 GDP의 10%에 달하고 공공부문이 주요 고용 부문이다. 국가가 혜택을 줌에 따라 국가들의 경우 1인당 소득과 발언권과 책임성(voice and accountability)을 연결하는 회귀선(regression)을 그리면 중동국가들이 그 밑에 위치하게 된다는 차원에서, 즉 발언권이 약하다는 차원에서 이야기하기도 한다(Devarajan and Mottaghi 2015, 12). 권위주의 정부가 어느 정도를 피통치자에게 주어야 하는지에 대해 아세모글루와 로빈슨(Acemoglu and Robinson 2006, 25-26)에 따르면 시민들이 의식주 해결을 위해 혁명 등의 정치 불안을 야기하는 것이지 더 이상을 요구하는 것은 아니라는 입장에서 권위주의 정부는 시민들이 원하는 의식주를 해결하는 정책을 추진하는 것이다.

이라크는 사실상 사회계약을 통해 권위주의체제를 유지하려 했던 국가라고 할 수 있다. 후세인은 적에 대해 피를 흘릴지라도 사람들은 바트당의 지배를 수용하고 경제성장에 만족할 것이라고 믿었기 때문에 후세인에게는 경제가 중요했다(Sassoon 2016, 18). 이라크 바트당의 민주주의에 대한 생각을 정리한 로드(Rohde 2017, 563)에 따르면 바트당은 과도하게 민주주의적 사상을 전파하는 사람들을 억제하려고 했다. 그렇지만 바트당의 입장은 한편으로 민주주의적 가치를 촉진하면서도 한편으로 이라크의 위기 상황을 강조하는 모호성을 지니고 있었다고 지적한다. 1996년과 2000년 사이에 이라크의 GDP는 106억 달러에서 330억 달러로 증가하였다. 배급제의 성공으로 바트당은 13년의 강력한 제재에도 불구하고 국민들로부터 지지를 받을 수 있었다(Sassoon 2016, 19).

아래 그림에서 보듯이 IDEA(International Institute for Democracy and Electoral Assistance)의 자료에 따르면 기본복지는 오랫동안 대의정부 수준이 아주 낮은 권위주의 상태에서도 1970년대 중반부터 2015년까지 꾸준하게 개선되어 왔다. 이에 비해 대의정부는 2000년대 들어 급격히 개선되었다. 이라크의 경우 대의정부나 기본복지가 여전히 약 0.5 정도를 기록하고 있어 아직도 요원한 상태이다.

〈그림 14〉 이라크의 대의정부와 기본복지

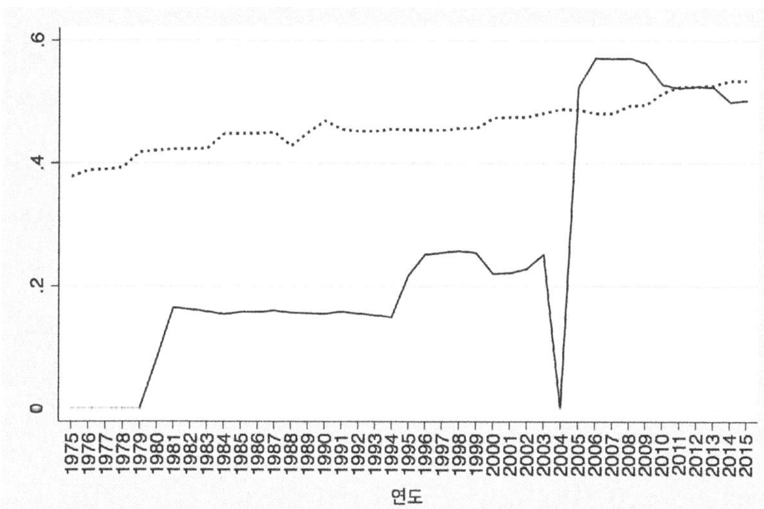

출처: IDEA.

셋째, 이라크는 경쟁적 권위주의 국가이다. 이라크는 권위주의 체제를 계속 유지하는 경쟁적 권위주의 체제에 속한다. 이라크에서 1954년에 마지막으로 자유로운 선거가 시행되었지만 거의 50년간 자유로운 선거가 없었고 2005년에 헌법 초안에 대한 선거, 2009년 지방선거, 2010년, 2014년, 2018년 의회선거가 치러졌다. 형식적인 민주제도들이 존재하고 권력의 기반이지만 집권자가 권력을 남용할 수 있어 다른 정적들에 비해 훨씬 유리하다(Sassoon 2016, 24). 사쑨(Sassoon 2016, 24)은 사담 후세인의 스탈린적 체제에서 말리키의 경쟁적 권위주의체제로 전환하여 의회선거와 언론자유를 허용하였다고 이야기한다. 물론 사담 후세인 체제를 스탈린적 전체주의 체제로 규정할 수 있겠지만 경쟁적 권위주의 체제로 보고 경쟁적 권위주의에서도 사회계약적 현상들은 계속되었다고 볼 수 있을 것이다. 사담 후세인이 제거된 이후 말리키(Nuri al-Maliki)의 2006-2014년 지배 기간은 경쟁적 권위주의 체제였다. 말리키는 2006년 수상에 지명되었고 미군 철수 후 권위주의를 강화하였다. 친족들과 다와당(Dawa Party)의 관료들로 이루어진 말리크 지지파(Malikiyoun)를 만들어 권력을 강화하였고 이를 중심으로 경쟁적 권위주의를 부과하였다(Dodge 2013, 245).

이라크에서 2005년, 2010년, 2014년 선거에서 가장 많은 의석을 차지한 지도자가 수상이 되지 못했다. 2005년 선거에서 자파리(al-Jaafari)가 다와당 당수로 선거를 이겼지만 동료인 말리키가 수상이 되었다. 2010년에는 알라위(Avad Allawi)가 2석 차이로 선거에서 이겼지만 말리키가 수상을 재임하였다. 2010년 선거에서는 이라크국가연합(Iraqi National Alliance)이 말리키의 법치연합(State of Law Coalition)을 이겼지만 말리키가 수상에 지명되었다(van Veen et al. 2017, 20). 2014년에는 말리키가 선거에서 이겼지만 아바디(Haider al-Abadi)가 수상이 되었다(Mansour 2018, 15). 2014년 선거에서는 말리키가 많은 의석을 차지했으면서도 영향력 있던 시스타니(Grand Ayatollah Aki al-Sistani)가 말리키가 내려오도록 하여 아바디가 수상이 된다(Mansour and Jabar 2017, 9). 2018년 선거에서 사드르(Muqtada al-Sadr)의 개혁을 향한 연합(Sairoon) 블럭이 54석, 아미리(Hadi al-Amiri)의 정복(Fatah) 블럭이 47석, 아바디(Haider al-Abadi)의 승리(Nasr) 연합이 42석, 말리키(Nouri al-Maliki)의 법치연합이 25석, 바르자니(Nechervan Barzani)의 쿠르드민주당(Kurdistan Democratic Party)이 25석을 획득하였다(Herbert 2018, 8). 결국 마흐디(Abdul-Mahdi)가 수상에 지명된다. 사드르는 좌파, 말리키는 우파, 아바디는 중도라고 할 수 있다. 2014년 선거에서 최초 의석을 가지는 데 필요한 최소 문턱(threshold)을 높이려 했다. 선거 문턱을 넘는 후보는 잉여표를 같은 리스트의 다른 후보에게 양도할 수 있었다. 당선되지 않는 후보는 같은 리스트의 다른 후보에게 양도할 수 있었다. 이 제도는 거대 정당에 유리하게 작용하였다. 우파는 이 선거제도를 유지하려 했고 좌파는 개혁하려고 했다. 논란은 의석배분을 결정하는 나눔수(formular's divisor)에 대해 좌파는 나눔수를 훨씬 낮추자고 주장하였고 우파는 그대로 유지할 것을 주장하였다. 선거구와 관련해서도 우파는 지방(governorate)을 하나의 단일 선거구로 하는 것을 고수했고 좌파는 지방을 여러 개의 선거구로 할 것를 요구했다. 아바디는 이들의 중간이었다. 2017년 8월 1일 선거제도를 그대로 유지하기로 했다(Mansour 2018, 21-22).

이라크 권위주의의 특징은 국가가 주도하여 재분배와 사회보장을 제공한다는 점이다. 사회보장의 가장 명백한 효과는 사회 구성원들 간에 소득을 재분배하는 것으로 부유하지 못한 사람, 위험에 처한 사람이나 사회의 일부 계층에게 혜택이 돌아가는 것이다(Piachaud 2013, 24).

첫째, 기본적으로 이라크가 다른 국가와 달리 특징적인 것은 식량은 공공분배체제(PDS: Public Distribution System)를 통한 배급(ration)으로 이루어진다는 것이다. 식량은 이라크 대다수 국민에게 보편적으로 분배되고 소비된다. 이라크에서 중요한 것은 PDS로 정부가 식량을 수입해 배급하는 것이다. PDS는 1990년 유엔의 제재로 인해 식량수입이 줄어드는 데 따라 도입된 제도이다. 세계은행에 의하면 10개 품목에 대해 월 고정량을 제공하는 것으로 인구의 99%가 수혜를 보고 필요한 칼로리의 85%를 제공한다. 즉 이라크인에게 필요한 칼로리가 2,337칼로리이고 그중 1,998칼로리를 제공하는 셈이다. 배급으로 필요 칼로리의 85%가 제공되는 반면, 배당(allotment)으로 실제 소비되는 칼로리의 68%, 가난한 사람에게는 78%의 칼로리를 제공한다. PDS로 지원되는 이전(transfer)은 월 1인당 11,100디나르(dinar)로 빈곤선의 14%에 해당한다. 2008년 정부예산의 8.6%를 흡수하여 교육 6.0%, 건강 3.4%보다 많았다(World Bank 2011, 72). 또 다른 평가에 의하면 PDS는 전 국민에게 칼로리를 제공하는 것으로 가난한 사람들의 99.4%가 혜택을 보고 있으며 2012년의 경우 하위 40%의 전체 칼로리 소비의 64%를 차지하였다(World Bank 2018b, 8). 2012년의 경우 가난한 사람의 99%가 혜택을 보았다. 가난하지 않은 사람의 95%도 혜택을 보았다(World Bank 2017, 85). 크리쉬만 외(Krishnan et al. 2017, 2)의 평가에 의하면, PDS로 지원되는 이전은 평균 이라크 가구 소득의 13%를 차지한다. 하위 10%의 가구에게는 전체 지출의 16.5%, 비노동 소득의 60% 또는 전체 소득의 30%를 차지한다. 상위 20%가 소비하는 칼로리의 약 1/3에 해당한다.

문제는 PDS의 비용이 2014년의 경우 GDP의 1.4%에 달해 전체 사회보장시스템의 전체 비용 중 60% 이상을 차지했다는 것이다. 식량 구매비용을 제외한 행정비용은 2014년 GDP의 0.3%를 차지했다(World Bank 2017, 86). 배급 식량에 대한 지출은 지니계수 0.203으로 아주 평등하게 나타났고 비배급 식량 지출 지니 0.368, 식량 지출 지니 0.324로 합리적 수준임에 틀림없다.

둘째, PDS와 같은 의미의 성격을 가지는 것이 공공 고용이다. 2003년 이후 공무원의 증가가 공공부문 고용과 임금수준을 증가시켰다. 2003-2015년 중소기업을 제외한 공공부문이 90만 명에서 300만 명으로 증가하여 이라크에서 모든 직입의 42%를 차지하였다. 여기에 중소기업부문까지 합하면 350만 명으로 이라크 모든 직업의 약 50%를 차지한다. 핵심 공공부문 임금예산은 2016년 305억 달러로 이라크 예산에서 차지하는 비율이 아주 높았다. 2004년과 2016년 사이 핵심공공부문의 지출은 940% 증가한 데 반해 전체 정부예산에서 임금예산은 7%에서 44%로 6배 증가하여 GDP의 18%를 차지하였다(World Bank 2017, 64-65). 공공부문의 임금이 사영부문의 임금보다 20% 높았다(World Bank 2017, 66). 2007년과 2012년 사이 75만 개의 일자리가 만들어졌으나 실업자들을 흡수하기에는 부족했고 2004년에서 2014년까지 공공부문 고용만 90만 명에서 300만 명으로 3배가 증가하였다. 같은 기간에 정부 임금예산은 예산의 7%에서 27%로 증가하였다. 2017년 임금예산은 정부 예산의 40%로 추정된다(World Bank 2018b, 8-9).

문제는 정부의 공무원직은 질 높은 공공서비스를 제공하기보다는 정부책임을 회피하기 위한 방편으로 사용되기 때문에 불공정한 지불, 과도 채용, 경직된 위계서열을 특징으로 한다는 것이다(ESCWA 2015, 131). 그동안 이러한 체제로 인해 이 지역에서 빈곤과 소비불평등을 어느 정도 억제하는 데 기여했으나 최근 이러한 사회계약을 유지할 국가의 능력이 약해지면서 2011년의 아랍의 봄이 나타났다는 평가를 내리기도 한다(ESCWA 2015, 62). 특히 고용에서 정당 연계가 중요한 역할을 했다는 점이다. 정당 연계가 없어지자 실업자가 대량 발생하는 것이다. 사담 후세인 시기에는 바트당에 가입하는 것이 고용과 연계되어 있어서 많은 사람들이 명목상 정당에 가입하기도 했다. 그러나 후세인 축출 이후 탈바트당화(de-Baathification)가 추진되어 수만 명의 공공부문 피고용인들이 직업을 잃었다(World Bank 2017, 12).

셋째, 사회보장을 제공한다는 점이다. 이라크의 GDP에서 사회지출이 차지하는 비율은 전체적으로 2.56%이며 이 중 UCT 0.36%, 식량 및 현물(in-kind) 2.20%였다(ASPIRE Database). 다른 국가에 비해 상대적으로 높은 비중을 차지하고 있다. 유럽 평균 2.2%, 사하라이남 아프리카 1.5%, 라틴아메리카 1.5%, 아시아 1.1%, MENA 1.0%에 비하면 이라크는 유럽 수준이라고 평가할 수 있다(World Bank 2018b, 21).

사회보장의 경우 사회보장망(Social Protection Network)이라는 이름의 UCT를 주고 있으며 2013년 수혜인원은 877,520명이었다. 정부 데이터에 기초한 사회안전망 프로그램을 보면 식량 배급 PDS를 시행하여 식량과 현물을 제공하고 있으며 2011년 학교급식(School feeding) 프로그램으로 555,000명이 수혜를 입었다(ASPIRE Database). 사회안전망(Social Safety Net)은 95만 가구에 현금지원을 제공해주었고 가난한 사람의 11%만이 혜택을 보았다. 그러면서 2014년 사회보장법(Social Protection Law)이 만들어진다. 새로운 사회보장법은 현금지원 수혜 조건에 대리자격조사(PMT: proxy means-testing)와 지역할당(geographical targeting)을 채택하면서 개선하였다(Alkhoja et al. 2016, 1-2). 2014년의 사회보장법으로 가난한 사람의 혜택 범위는 11%에서 2015년 말 적어도 50%로 증가하였다(World Bank 2018b, 8). 2015년 9월부터 12월까지 모든 수혜자들에 대한 조사결과 새로운 법에서는 43%가 수혜자가 되지 못했다. 2016년 4월 100만 명이 신청했지만 그중 75만 명이 가구 방문 대상으로 선정되었다(Alkhoja et al. 2016, 3). 이라크의 공공연금지출은 GDP의 4%로 높은 편이지만 연금은 가난한 사람의 20%가 수혜를 받고 85%는 가난하지 않은 가구들이 수혜를 보았다. 그리고 전체 노동력의 48%만이 연금체제에 가입되어 있다. 그나마 대부분이 공공부분 노동자들이고 사영부문 노동자들은 3% 이하였다(World Bank 2018b, 8).

IHSES 2012에서 직장의 건강보험 가입여부를 추산해보면 건강보험 가입은 4.8%에 불과했다. 이에 반해 연금사회보장은 45.7%가 가입되어 있었다.

<표 33> 건강보험 가입여부(단위: 명, %)

		빈도	퍼센트	누적
직장의 건강보험 가입 여부	가입	1,363	4.81	4.81
	비가입	26,964	95.19	100
합계		28,327	100	
직장의 연금사회보장 가입여부	가입	12,956	45.74	45.74
	비가입	15,371	54.26	100
합계		28,327	100	

출처: IHSES 2012에서 추산.

결국 이러한 SPL의 효과는 ASPIRE 데이터베이스에 따르면 지니계수 감소 3.54%, 빈곤율 감소 22.61%, 빈곤갭 감소 35.71%로 평가된다.

<표 34> SPL이 미치는 불평등 및 빈곤 감소 효과

연도		2006	2012
커버리지(Coverage)	가장 빈곤한 20%	89.95	89.45
	전체	86.01	83.56
수혜발생률(Benefit incidence)	가장 빈곤한 20%	12.44	9.13
평균이전액수(1인당 1일 달러)	전체	0.67	1.03
적정성(Adequacy)	가장 빈곤한 20%	10.23	9.63
	전체	7.55	9.52
SPL로 인한 지니불평등 감소(% 감소)		4.83	3.54
SPL로 인한 빈곤율 감소(% 감소)		22.12	22.61
SPL로 인한 빈곤갭 감소(% 감소)		35.43	35.71
수혜-비용비율(Benefit-cost ratio)		0.21	0.17

출처: ASPIRE Database.

사회보장과 사회보험은 2012년의 경우 지니 불평등을 1.55% 낮추고 빈곤율을 7.88% 감소시키고 빈곤갭을 14.77% 감소시킨다. 사회보험도 각각 2.06%, 17.07%, 26.78% 감소시키는 것으로 나타났다.

〈표 35〉 사회보조와 사회보험의 불평등 및 빈곤 감소 효과

연도		2006	2012
사회보조(social assistance)	지니불평등	2.00	1.55
	빈곤인구	8.58	7.88
	빈곤갭(%)	14.93	14.77
	수익-비용비율	0.24	0.21
사회보험(social insurance)	지니불평등	2.83	2.06
	빈곤인구	16.54	17.07
	빈곤갭(%)	25.85	26.78
	수익-비용비율	0.18	0.15

출처: ASPIRE Database.

사회보장제도는 이라크와 같은 갈등을 겪은 사회에서 사회적 포용 문제를 해결하고 사회계약을 다시 새롭게 하는 데 중요하지만 이라크에서 사회보장제도는 비효율적이고 파편화(fragmented)되어 있다고 세계은행은 지적한다. 사회보장의 세 개 축인 사회안전망, 사회보험, 노동시장이 연계가 없고 통합되어 있지 않다는 것이다(World Bank 2017, 85). 2012년의 경우 16.4%의 가구소득이 비노동소득으로, 주로 이전으로 이루어져 있다. 공공이전이 많지만 가난한 사람에게는 혜택이 돌아가지 않는다는 것이다. 연금소득은 가난한 사람 20% 이하에게만 혜택이 가고 사회안전망 현금지원(cash transfers)도 가난한 사람 10.6%에게만 혜택이 간다(World Bank 2017, 85). 이라크의 SPN(Social Protection Net)은 취약계층을 위한 현금지원 프로그램이지만 2012년의 경우 71%의 수혜자는 가난한 사람이 아니었고 가난한 사람의 89%는 SPN 지원을 받지 못했다(World Bank 2017, 86). 연금의 경우에도 비용지불방식(pay-as-you-go)이며 전체 노동력의 48%가 연금에 가입되어 있지만 대부분이 공공부문의 노동자들이고 사영

부문 노동자들 중 3% 이하만이 연금사회보장부(PSSD: Pensions and Social Security Department)에 가입되어 있다(World Bank 2017, 87).

여전히 갈등의 잠재요인이 남아 있는 이라크

이라크의 권위주의는 국민들이 먹고사는 문제를 해결함으로써 정권을 유지하고 정통성을 확보하는 동시에 국민들로부터의 저항을 잠재우려 했다. 이라크의 이러한 권위주의 특성을 설명하는 논리는 세 가지로 지대국가 논리, 사회계약 논리, 경쟁적 권위주의 논리이다. 이라크 정부는 재분배와 사회안전망 확대를 통해 권위주의 체제의 안정을 유지하려 하였다. 그러나 불평등과 빈곤은 크게 줄어들지 않았다. 이라크에서 소득불평등은 지니계수로 총소득 0.369, 가구소득 0.314, 세후 월 현금소득 0.288로 추산되었다. 빈곤인구는 식량 빈곤 0.9%, 국가 빈곤 17.8%, 빈곤위험 20.9%에 달한다. 이라크의 소득불평등은 대략 지니계수 0.3 부근으로 피케티(Piketty 2013, 392)의 모델에서 보면 1970-1980년대 스칸디나비아 국가들의 약한 불평등 지니계수 0.25와 2010년 유럽의 중간 불평등 지니계수 0.36 사이에 있다고 평가할 수 있다. 권위주의 정권의 특징은 재분배와 사회안전망 확대를 통해 먹고사는 문제를 해결함으로써 국민들의 저항을 줄일 수 있다는 것이다. 대표적으로 이라크에는 다른 국가와 달리 PDS를 통해 식량을 배급하고 있다. 국가가 생필품 지원 등을 하는 동시에 국민들로부터 지지를 얻어내는 방식이다. 그러나 이라크에서 소득불평등과 빈곤은 기대만큼 감소하지는 못했다. 세계은행에 따르면 이라크에서 불평등을 나타내는 지니계수(Gini coefficient)는 2007년 26.49에서 2012년 27.94로 약간 증가하였다(World Bank 2017, 29). 이라크의 빈곤인구는 2007년 22.4%에서 2012년 18.9%로 감소하였지만 2014년 다시 역전되어 22.5%로 증가하였다. ISIS가 지배했던 지역에서는 빈곤이 41.2%로 두 배에 달했다(World Bank 2018a, 7). 2012년까지 축적되었던 빈곤 감소가 2014년 역전되어 다시 옛날 2007년 수준으로 돌아간 것이다(Alkhoja et al. 2016, 1).

이라크는 몇 차례의 민주화 가능성의 기회가 있었지만 무산되었다. 1958년 카심(Qasim)이 주도한 쿠데타로 인해 군주정이 폐지되면서 민주주의에 대한 기대가 있었으나 권위주의적 독재체제가 자리 잡아왔다. 1963년 2월에 바트당과 군부가 주도한 쿠데타로 정권이 다시 바뀌었다. 그러나 11월 아리프(Arif)가 바트당을 배제하고 5년 동안 군사지배를 한다. 1966년 아리프가 사망하면서 아리프 동생이 권력을 이어받지만 바트당과 이라크 군부는 쿠데타를 일으켜 정권을 잡게 되고 바크르(al-Bakr)가 이라크 대통령이 되지만 1979년 후세인(Saddam Hussein)이 대통령이 되었고 후세인은 수니파를 중심으로 권위주의 통치를 했다. 2003년 미국의 침공으로 후세인이 제거되고 이라크에서 2005년 새로운 헌법이 채택되고 처음으로 선거가 실시되면서 미국에 의해 부과된 민주주의를 정착시킬 기회가 있었으나 다시 권위주의로 회귀하였다. 시아파를 주축으로 연합 정권들이 들어서면서 권위주의 경향은 여전히 지속되었다. 이라크가 2014년 이후 3년간 지속된 정치적 혼돈을 겪었다. 다에쉬(Daesh)가 영향력을 확대하면서 35.4만 가구, 즉 210만 명이 2014년 6월에서 12월 사이 이주하였고, 2014년 6월부터 원유가가 배럴당 112달러에서 97달러로 하락하였다(Krishnan and Olivieri

2016, 2). 3년간의 전쟁 후 2017년 이라크는 ISIS에 의해 점령된 영토의 해방을 선언하였다. 2014년 이후 전쟁과 유가 하락으로 비석유 경제가 21.6% 축소되었으나 2017년에야 다시 정상을 찾았다(World Bank 2018a, 3).

사실 이라크에서 베두인(Bedouin) 전통의 민주주의가 남아 있다고 이야기되기는 하지만, 문제는 이러한 전통이 유목민이 1960년에는 2%에 불과하기 때문에 이러한 전통이 남아 있다고 보기는 어려울 것이며 유목주의를 사회가치로 볼 경우 베두인 종족, 농촌인구를 합하면 76%이기 때문에 사회가치로는 남아 있다고 보아야 할 것이다. 이에 반해 도시민이 24%를 차지하고 있지만 이들은 이라크 사회의 전통을 반영하는 것을 아니라고 볼 수 있다(al-Najjar 2014, 147). 이라크는 민주주의가 정착되고 불평등이 감소할 가능성이 많은 국가이다. 그 이유는 많은 학자들이 동의하듯 1인당 GDP가 2015년의 경우 14,019달러(PPP)로 소득이 높은 경우 민주주의 가능성이 높기 때문이다. 1인당 5,000달러 이하의 경제에서는 평균 지니계수가 42.5, 표준편차 10.4인 데 반해 1인당 GDP가 10,000달러 이상인 국가에서는 평균 지니계수가 34.2, 표준편차 3.6이었다(Boix 2003, 78). 1인당 GDP가 2,000달러 이하지만 지니계수 0.35이하인 국가와 1인당 GDP 6,000달러 이상이지만 상대적으로 평등한 국가에서는 독재 15년 내지 20년 이후에 나타난다. 1인당 GDP가 2,000달러 이하이고 지니계수가 0.65 이상인 국가에서는 권위주의 체제가 90년에서 120년까지 지속된다. 민주주의 체제 확립 후에도 불평등한 저발전국가에서는 민주주의가 1-2년 내에 붕괴한다(Boix 2003, 88). 이러한 기준에서 보면 이라크에서 민주주의가 정착될 가능성은 높다고 평가할 수 있다.

최근 이라크에서는 불평등을 줄이고 빈곤을 퇴치하려는 움직임을 보이고 있다. 그렇게 되면 현재 공공부문 위주로 되어 있는 고용과 사회보장제 등도 서서히 바뀌게 될 것이다. 특히 주목받는 것은 이라크 전통적인 PDS를 변화시키려는 움직임이다. 현행 PDS를 그대로 유지하면 빈곤율은 22.9%인데 보상 없이 PDS를 없애면 빈곤율이 34.4%로 늘어나고 PDS를 지역 타깃으로 한 현금지원으로 대체하면 빈곤율이 18.6%로 감소할 것이라는 논란, PMT로 하면 15.0%로 줄일 수 있다는 논란이 계속되고 있다(World Bank 2011, 74). 이라크가 자연자원이 풍부한 국가로서 자원의 저주(resource's curse)가 없고 정치 불안이 없으면 경제가 발전하면서 불평등과 빈곤의 문제를 해결할 수 있을 것이다. 자원의 저주라는 차원에서 보면 이라크의 문제는 석유에 의존하고 있어 국가 수입의 97%가 석유로부터 나오는데 이 부문에서 이라크 전체 노동력의 1%인 약 8만 명의 노동자만을 고용하고 있다는 것이다(Sassoon 2016, 19). 특히 1990년대는 이라크의 어려운 시기로 1인당 GDP가 1989년 2,836달러에서 1994년 174달러로 떨어졌는데 그 이유는 오일 달러의 하락 때문이었다(World Bank 2017, 10). 이러한 외부적 요인에 의해 크게 영향을 받을 가능성이 많기 때문에 시회계약적 또는 경쟁적 권위주의 체제는 이라크의 불평등과 빈곤의 문제를 근본적으로 해결하기에는 한계가 있고 민주주의가 정착되어 재분배가 증대하는 체제로 가는 것이 바람직하다. 그리고 여전히 빈곤의 문제를 해결해야 하는 상황이다. 이라크는 2018년 2월 '빈곤퇴치전략(Poverty Reduction Strategy) 2018－2022'를 시행하여 2022년까지 빈곤율을 17%로 낮춘다는 계획을 세웠다(World Bank 2018a, 7). 다차원적 빈곤(multidimensional poverty) 즉, 나쁜 건강, 교육, 본질적 서비스 접근 제한을 포함한 빈곤은 35%였다. 생활에 필요한 것과 관련하여 가질 것을 못 가지는 박탈의 경우에도 가구의 63%가 2개 내지 3개의 동시적 박탈로 고통을 겪고 있었다 (World Bank 2017, 30).

문제는 여전히 남아 있다. 다양한 정치과정을 겪었던 이라크에서 문제가 되는 것은 자원이 풍부한 지역과 종교·종족 갈등의 지역이 겹친다는 점이다. 석유 매장지도 대부분 남부에 위치하고 있고 나머지 대부분은 북부에 있고 쿠르드(Kurdistan) 지역에 약 6%, 키루쿠크 지역에 약 15%가 있다 (World Bank 2017, 17). 따라서 선거가 공정해지고 불평등을 낮추기 위해서는 협의제적 민주주의(consociational democracy)가 필요할지도 모른다. 비세르(Visser 2012, 233)는 협의제적 민주주의 차원에서 이라크의 정치를 분석한다. 종족이 다양하기 때문에 2003년 이후 권력공유(power sharing) 체제로 이라크가 전환되었다고 주장한다. 그렇지만 이러한 협의제적 민주주의가 아직 이라크에 정착되지는 못했다. 여전히 갈등이 상존하고 있다.

제5장

파키스탄의 소득불평등과 민주주의

파키스탄은 전사국가인가

파키스탄은 빈곤한 국가로 알려져 있을 뿐만 아니라 군사지배가 오랫동안 계속되어온 비민주국가로 평가된다. 흔히들 인도와 파키스탄은 분리되기 전 영국의 식민지배를 같이 받았으면서도 인도는 민주주의 국가로 발전한 데 반해 파키스탄은 권위주의 국가로 발전한 데 대한 논의들이 활발하게 진행되고 있다(Akhtar 2018, 4). 튜더(Tudor 2013, 7)에 따르면 파키스탄과 인도가 차이가 나는 이유는 독립운동에서 계급 구성이 달랐고, 창설된 정당의 힘이 서로 달랐다고 보았다. 인도는 도시의 교육받은 중산층이 독립운동의 주류였던 데 반해 파키스탄은 토지귀족이었다는 점이다. 그래서 정권의 형태가 인도는 민주주의, 파키스탄은 권위주의로 갔다는 것이다. 정당이 만들어지는 과정에서 인도는 강력한 정당이 창설되었던 데 반해 파키스탄에서는 약한 정당이 창설되어 인도는 정권의 안정을 유지한 데 반해 파키스탄은 정권이 불안정했다는 것이다. 이러한 요인들로 인해 결국 인도는 안정적 민주주의로 간 데 반해 파키스탄은 불안정한 권위주의로 가게 되었다. 파키스탄은 1947년 독립 이후 직접군사지배 17년 그리고 외형상 선거로 선출된 군사정부 15년 약 32년간을 군사지배로 점철되어왔고 폴(Paul 2014)에 따르면 "전사국가(warrior state)"로 개념 규정되기도 한다.

파키스탄에서 소득불평등과 빈곤이 얼마나 심한지를 분석하는 것을 주안점으로 하여 파키스탄에서 소득불평등이 개선되지 못하고 지속되는 이유는 무엇인지를 살펴보고자 한다. 민주주의 국가에서는 불평등 수준이 높을 경우 선거를 통해 재분배를 선호하는 정당이 우세하게 되고 결국 불평등은 감소한다는 것이 전통적인 논리이다. 이에 반해 독재국가에서는 통치자가 재분배의 요구에 응할 필요가 없기 때문에 불평등은 지속된다(Amir-ud-Din and Khan 2017, 206). 권위주의 국가에서는 소득불평등이 높을 경우 폭동 등 정치불안을 야기시킬 것을 우려하여 독재자가 시혜차원에서 재분배를 확대하여 정권을 계속 유지하기 위한 수단으로 사용할 수 있다. 아울러 포용적 경제는 포용적 정치를 수반하고 배제적 경제와 배제적 정치가 같이 간다. 아세모글루와 로빈슨(Acemoglu and Robinson 2012, 91-95)에 따르면 경제성장과 번영은 포용적 경제정치제도와 연계되어 있는 데 반해 추출적 제도(extractive institutions)는 침체와 빈곤으로 연결된다. 정치제도가 추출적인데 경제제도가 포용적이면 성장은 이룩할 수 있지만 점차 경제제도가 추출적이 되고 성장이 멈출 위험이 있다고 보았다. 이러한 논의들을 통해 파키스탄에서 소득불평등과 빈곤이 지속되는 이유를 파악하고자 한다. 소득불평등의 문제를 민주주의 차원에서 설명하는 이유는 피케티(Piketty 2013, 47)가 지적하듯 부의 분배의 역사는 항상 정치적인 역사였고 경제 메커니즘에 의해 설명될 수 없으며, 스티글리츠(Stiglitz 2015, 75)가 지적하듯 저성장과 불평등은 정치적 선택일 수밖에 없기 때문이다.

파키스탄에 대한 데이터 자료는 PSLM(Pakistan Social and Living Standards Measurement)과 HIES(Household Integrated Economic Survey) 그리고 South Asia Barometer Survey를 이용하였다. 파키스탄에서 HIES는 1963년부터 실시되었고 1990년에 수정하여 1990-1991, 1992-1993, 1993-1994, 1996-1997년도에 실시하였고 1998-1999년도에 설문지를 수정하여 HIES를 PIHS(Pakistan Integrated Household Survey)로 통합하

였다. 2004년 PSLM Survey로 이름이 바뀌었지만 모듈은 변하지 않았다. PSLM(District Level) Survey와 PSLM/HIES(National/ Provincial level) Survey가 격년으로 즉, 2004-2005, 2005-2006, 2007-2008, 2010-2011, 2011-2012, 2013-2014, 2015-2016년도에 실시되었다. 2015-2016년도의 HIES 데이터는 24,238가구를 대상으로 한다. South Asia Barometer surveys는 wave 1(2005)과 wave 2(2013)가 있다.

파키스탄의 소득불평등

파키스탄에서 불평등은 어느 정도인가? UNDP에 의하면 지니(Gini) 계수가 1980년 43.5, 1999년 32.1, 2000년 31.4, 2010년 무렵 32.9로 나타났다(UNDP 2013, 109). 1990년대 초 지니계수는 42.0, 2000년대 말 32.9였고 재분배율은 1990년대 초 16%였던 데 반해 2000년대 말 -2%였다(UNDP 2013, 105). UNDP의 2016년 HDR Report에 의하면 지니계수는 30.7이었고 팔마비(Palma ratio)는 1.2였다(UNDP 2016, 210). ADB에 따르면 파키스탄의 지니계수는 2001년 0.304, 2013년 0.307이었다(ADB 2018, 84).

샤리프와 압샨(Sharif and Afshan 2017, 259)에 따르면 다른 개발도상국가에 비해 파키스탄은 높은 소득불평등을 가진 국가이다. 1970년대 지니계수는 0.36이었다. 1990년대에 소득불평등은 급격하게 증가하여 1991년에 평균 0.40이었고 1992년에 0.42였다. 2000년대에는 지니는 0.30으로 감소하였다. 그러나 2011년에서 2013년을 보면 0.33, 0.34. 0.35로 증가하였다고 평가되었다. 이드레스(Idrees 2012, 124-125)에 따르면 1960년과 2010

년 사이 1인당 소득은 250% 이상 증가하였던 데 반해 빈곤율을 보면 20%의 가구가 빈곤선 이하에 있었다. 지니계수를 보면 0.33-0.42로 높은 수준을 보이고 있다고 지적한다. 이것은 경제성장의 혜택을 일부만 보고 있기 때문이라고 본다. 아미르와 칸(Amir-ud-Din and Khan 2017, 217)에 따르면 GDP성장률은 불평등에 유의미한 영향을 미치지 않았다. 민주주의와 사회서비스에 대한 공공지출이 불평등을 감소시켰다. 불평등은 민주주의에 역의 관계이며 민주주의에 강한 영향을 미치는 것은 지니로 본 불평등이었다(Amir-ud-Din and Khan 2017, 217).

〈표 36〉 역사적으로 본 파키스탄의 지니계수

연도	파키스탄 전국	농촌	도시
1963-64	0.3666	0.3543	0.3698
1966-67	0.3672	0.3416	0.4068
1968-69	0.3456	0.3005	0.3975
1969-70	0.3394	0.3122	0.3694
1970-71	0.3379	0.3061	0.3687
1971-72	0.3607	0.3546	0.3886
1979	0.3946	0.3450	0.4118
1984-85	0.3802	0.3526	0.3884
1985-86	0.3629	0.3410	0.3589
1986-87	0.3580	0.3289	0.3643
1987-88	0.3608	0.3227	0.3782
1990-91	0.4099	0.4218	0.3788
1992-93	0.3937	0.3668	0.3970
1993-94	0.3864	0.3647	0.3685
1996-97	0.3598	0.3517	0.3691
1998-99	0.4187	0.3796	0.4510
2001-02	0.4129	0.3762	0.4615

출처: Anwar(2005); Kemal(2008).

역사적으로 보면 1960년대 지니계수는 대략 0.3-0.4였다가 1998년 이후 0.4를 넘어가기 시작했다. 소득 불평등은 1970년대 0.359, 1980년대 0.364, 1990년대 0.403, 2000년대 0.300이었고 2011년 0.332, 2012년 0.345, 2013년 0.355였다(Sharif and Afshan 2017, 258). 가장 부자 계층의 소득점유율은 1963년 44.4%에서 2001년 46.2%로 증가한 데 반해 하위 20%의 소득점유율은 7.3%에서 6.7%로 감소하였다.

1인당 가구소득 불평등은 1960년대에서 2000년대까지 0.2-0.3으로 조사되었다. 앞서의 지니계수와는 상당한 차이가 난다.

〈표 37〉 파키스탄의 1인당 가구소득 불평등 및 지출불평등

연도	1인당 가구소득 불평등			1인당 가구지출 불평등		
	농촌	도시	전체	농촌	도시	전체
1963-64	0.219	0.253	0.237	0.163	0.204	0.19
1965-66	0.164	0.302	0.255	0.137	0.275	0.226
1968-69	0.157	0.262	0.246	0.122	0.235	0.213
1969-70	0.161	0.246	0.237	0.121	0.22	0.205
1970-71	0.145	0.232	0.221	0.113	0.203	0.185
1971-72	0.164	0.250	0.242	0.122	0.218	0.206
1979	0.187	0.293	0.256	0.131	0.225	0.189
1984-85	0.214	0.291	0.271	0.156	0.224	0.208
1985-86	0.194	0.253	0.242	0.139	0.213	0.196
1986-87	0.176	0.250	0.234	0.133	0.22	0.198
1987-88	0.168	0.255	0.234	0.125	0.207	0.187
1992-93	0.259	0.293	0.297	0.133	0.206	0.184
1996-97	0.214	0.221	0.227	0.124	0.168	0.159
1998-99	0.212	0.214	0.231	0.088	0.165	0.146
2001-2002	0.187	0.201	0.230	0.106	0.161	0.169
2004-2005	0.172	0.222	0.226	0.135	0.186	0.185

출처: Zakir and Idrees(2009).

파키스탄은 1960년대부터 빈곤을 2차 자료를 이용하여 추정해왔고 1980년대에는 HIES를 통해 추정해왔다. 빈곤 인구를 추정하기 위해 1990년대에는 FEI(Food Energy Intake)를 사용했고 2002년에 공식적으로 빈곤선(poverty line)을 사용하였다. FEI 방법을 적용하여 1인당 하루 2,350 kcal로 정했다. 2001-2002, 2004-2005, 2006-2007, 2007-2008, 2010-2011, 2011-2012년도에 사용되었다. 2013-2014년도에는 CBN(cost of basic needs) 방법을 사용하여 하루 3,030.32루피로 정했다. 2015-2016 HIICS에 CBN 방법을 사용하였다. 파키스탄에서 정부의 공식적인 빈곤에 대한 통계는 다음과 같다.

〈표 38〉 CBN 빈곤선, 2005-2006년에서 2015-2016년

연도	빈곤선 (1인당 월 루피)
2005-06	1277.74
2007-08	1543.51
2010-11	2333.35
2011-12	2600.15
2013-14	3030.32
2015-16	3250.28

출처: Ministry of Planning Development and Reform(2017).

〈표 39〉 빈곤 트렌드, 2005-2006년에서 2015-2016년

연도	전국	도시	농촌
2005-06	50.4	36.6	57.4
2007-08	44.1	32.7	49.7
2010-11	36.8	26.2	42.1
2011-12	36.3	22.8	43.1
2013-14	29.5	18.2	35.6
2015-16	24.3	12.5	30.7

출처: Ministry of Planning Development and Reform(2017).

〈표 40〉 파키스탄 전국 및 지방에서의 빈곤

빈곤 Bands	인구비율(%)			추정 인구(백만 명)		
	전국	도시	농촌	전국	도시	농촌
극빈(Extreme Poor) (빈곤선의 50% 이하)	0.42	0.21	0.54	0.83	0.24	0.42
최빈(Ultra Poor) (빈곤선의 50%-75% 사이)	6.00	2.39	7.95	11.73	2.81	6.19
빈곤(Poor)(빈곤선의 75%-100% 사이)	17.89	9.93	22.18	34.96	11.66	17.29
취약(Vulnerable) (빈곤선의 100%-125% 사이)	19.87	14.46	22.78	38.83	16.99	17.75
준 비빈곤(Quasi Non-Poor) (빈곤선의 125%-200% 사이)	34.77	37.68	33.21	67.95	44.27	25.88
비빈곤(Non-Poor)(빈곤선의 200% 이상)	21.04	35.33	13.34	41.10	41.50	10.40
전체 인구	100	100	100	195.4	117.48	77.93

출처: Ministry of Planning Development and Reform(2017).

〈그림 15〉 개인소득 지니계수

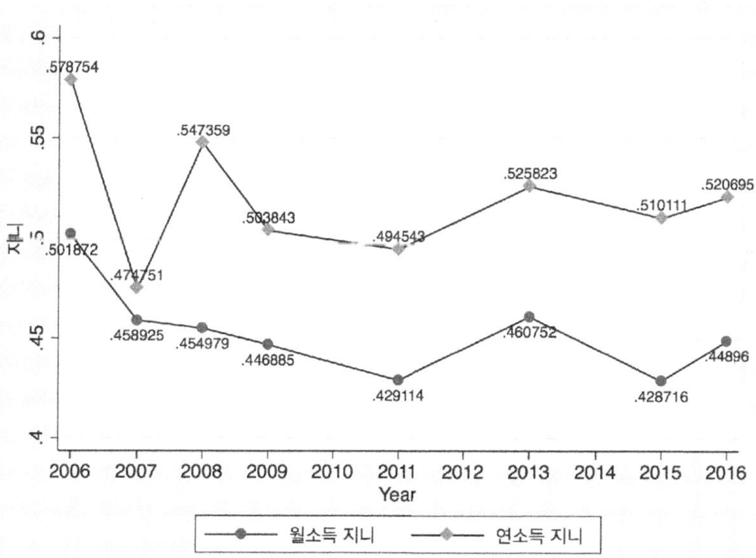

출처: 각 연도 PSML을 분석하여 산출.

여기서는 각 연도의 PSLM, HIES를 통해 지니계수를 산출하고자 한다. 파키스탄에서 지니계수는 월 소득으로 할 경우 0.45 정도인 데 반해 연소득으로 할 경우 0.5를 넘는다.

최근 지니계수에 대해서는 HIICS(Household Integrated Income and Consumption Survey) 2015-2016을 분석하여 가구소득 지니계수를 산출하였다. 파키스탄에서 2015-2016년의 가구소득지니계수는 월소득 0.460, 연소득 0.468이었으며 주요 직업 소득, 2차 직업 소득, 실물소득, 연금을 합한 총소득의 지니계수는 0.466이었다.

〈표 41〉 가구소득 지니계수

	빈도	추정치	표준편차	하한	상한
월소득 지니	33,089	0.459586	0.002823	0.454052	0.465119
연소득 지니	59,414	0.468282	0.002219	0.463933	0.472631
총소득 지니	61,449	0.466073	0.002400	0.461368	0.470778

출처: HIICS 2015-16을 통해 추산.

도시와 농촌 간에 총소득 지니계수를 비교하면 도시가 0.453으로 농촌 0.447보다 높았다.

〈표 42〉 도농 간 가구소득 지니계수

도농지역	빈도	총소득 지니	월소득 지니	연소득 지니
농촌	20,318	0.446833	0.424983	0.450087
도시	41,135	0.452708	0.448159	0.452794
전체 인구	61,453	0.466073	0.459586	0.468282

출처: HIICS 2015-16을 통해 추산.

지역 간의 총소득 지니계수를 보면 펀자브주가 0.482로 가장 높았고 발루치스탄주가 지니계수 0.411로 가장 낮았다. 카이베르파크툰크와주 0.462, 신드주 0.459로 중간이었다.

〈표 43〉 지역 간 가구소득 지니계수

주	빈도	총소득 지니	월소득 지니	연소득 지니
카이베르파크툰크와주 (Khyber Pakhtunkhwa)	12,133	0.461768	0.425752	0.466287
펀자브주(punjab)	26,412	0.481556	0.475545	0.482844
신드주(sindh)	16,678	0.458502	0.471404	0.462463
발루치스탄주(balochistan)	6,230	0.411103	0.403741	0.412262
전체 인구	61,453	0.466073	0.459586	0.468282

출처: HIICS 2015-16을 통해 추산.

피케티(Piketty 2013, 390)가 분류한 소득불평등 기준에서 보면 상당히 불평등한 국가라고 평가할 수 있다. 피케티는 불평등이 아주 높은 국가 0.46, 높은 국가 0.36, 중간 국가 0.26, 낮은 국가 0.19로 분류한 바 있다. 파키스탄은 거의 0.46에 가까워 불평등이 아주 높은 국가라고 할 수 있다.

배제적 군부 지배

파키스탄에서 왜 이렇게 소득불평등이 높은지는 오랫동안 지속되어 온 군부지배로 설명될 수 있다. 파키스탄은 쿠데타 등으로 계엄이 빈번하게 내려져 민주주의체제가 불안정했다(Amir-ud-Din and Khan 2017, 205). 1951년 라왈핀디(Rawalpindi) 음모사건은 파키스탄 역사에서 첫 번째 쿠데타였다(Shah 2014, 42). 역사적으로 1958-1971 아유브 칸(Ayub

Khan) 장군과 야히야 칸(Yahya Khan) 장군의 독재가 있었고 특히 1967-1977년은 정치적 혼돈의 시기였다. 이어서 1977-1988년 지아(Zia-ul-Haq) 장군의 독재가 계속되었다. 이어 1999-2007년에는 무샤라프(Pervez Musharraf) 장군의 독재로 이어졌다. 민주주의 시기는 Butto 대통령의 시기로 짧은 시기 동안인 1972-1979년이었다. 1999년 무셔라프 장군이 정권을 잡기까지 PPP(Pakistan People's Party)와 PML-N(Pakistan Muslim League Nawaz) 오가면서 각 3년을 넘기지 못했다(Martin 2016, 79). 2008년 무샤라프가 선거에서 지면서 물러날 수밖에 없었던 문제가 있었지만 2007년 부토(Benazir Bhutto) 살해 문제가 있었고 뮤샤라프는 밀려났다(Martin 2016, 81). 파키스탄에서 군부지배가 계속되어온 데다가 소득불평등도 개선되지 못했다.

군부가 득세할 수 있었던 역사적 요인은 분리독립 시기의 지도자와 ML(Muslim League)당의 허약성을 들 수 있다. 결국 독립 시기에 아무 역할도 못했던 군부가 파키스탄을 지배하는 상황이 된 것이다. 군부지배로 파키스탄에는 민주주의 정당이 더욱 만들어지기 어려운 상황이었다. 정치세력이 확고한 지배를 하지 못했던 이유는 파키스탄의 국가 형성이 국가뿐만 아니라 특정 계급의 지배를 정착시키지 못했기 때문이다(Akhtar 2018, 11). 파키스탄의 지도자들은 진나(Muhammad Ali Jinnah)를 포함하여 모두 현재의 인도지역에 있었기 때문에 새로 만들어진 파키스탄에는 정치적 지지가 없는 무하지르족(mohajirs)이었다. 게다가 ML은 파키스탄에서 강한 조직을 가지지 못했다. 1946-1947년 ML의 운영위원회(League Working Committee) 위원 23명 중 10명이 파키스탄 지역에 속했다(Shah 2014, 37).

ML은 당시 식민지하에서 대중들을 정치적으로 규합하기에 충분했지만, 이슬람 국가가 만들어진 이후에는 다소 모호한 이슬람주의가 지방들을 규합하기에는 역부족이었다(Tudor 2013, 196).

진나는 민주적 리더가 되기보다는 무굴 제국의 "절대군주(shehenshah)"와 같은 왕이 되어 무슬림의 영광을 재건하고 싶어 하는 것처럼 행동하였다. 총독체제(vice-regal system)는 행정부와 관료의 손에 권력을 집중시키는 결과를 낳았다(Paul 2014, 43).

이슬람을 신봉하는 국가를 세우는 지도부가 사실 무슬림이 약했던 지역에 본부를 두고 있었을 뿐만 아니라 파키스탄을 세운 진나가 1948년 사망하고, 리아콰트(Liaquat)가 1951년 암살당했다. 리아콰트까지 죽음으로써 전국적인 지도자가 아무도 남지 않게 되었다(Tudor 2013, 197). 이들의 사망은 ML이 가졌던 정통성이 종말을 맞이하는 것을 의미한다(Shah 2014, 60). 사실 군부가 분리 독립에는 아무런 역할을 하지 못했음에도 불구하고 군지배가 가능했던 이유는 기존의 정치세력이 허약했던 상황에서 정치적 불안이 계속되었기 때문이다. 파키스탄의 군부는 독립운동에 참여하지 않아 독립에 아무런 역할을 하지 못했다(Shah 2014, 31). 분리 독립 당시 인도와 파키스탄이 군 자산을 64:36으로 나누었고 파키스탄에 속한 군인은 전체 41만 명 중 14만 명이었다. 육군의 30%, 공군의 20%, 해군 40%를 받았다(Shah 2014, 39). 군부가 득세한 이유는 앞서의 정치지도자들의 리더십이 약했고 주요 지도자들이 제명을 다하지 못하고 사망함으로써 문제가 발생했기 때문이라고 볼 수 있다.

<표 44> 파키스탄에서의 군사지배

순번	지배	기간	연도
1	직접군사지배	17년	1952–62, 1969–71, 1977–85, 1999–2002
2	군 대통령 하에서의 선거로 선출된 정부	15년	1962–69, 1985–88, 2002–2007
3	민간 대통령 하에서 선거로 선출된 정부	10년	1988–99
4	형식적 의회지배 하에서 비의회 세력의 우위	11년 (10년)	1947–59 (2007–2016)
5	민간 우위	6년	1971–77

출처: Siddiqa(2017).

군부지배가 소득불평등을 해결하지 못하고 소득불평등을 지속시키는 요인으로 작용하였다.

첫째, 식민지배 시기에는 토지지주가 착취적인 행위자로 역할을 했던 데 반해 군부지배 시대에는 군부 요인들이 토지지주의 역할을 했다. 영국지배 시기 토지와 사회재산에 대한 문제는 경찰, 법원, 행정기구 등 국가에 의해 중재되었다. 지주는 국가에 의한 토지소유자로 전환되었다. 국가가 사유재산을 도입하였고 여기에 따라 식민지 특성의 계급이 만들어졌다. 토지의 의미가 소유하는 토지가 아닌 지배하는 토지로 머물러 있었다(Akhtar 2018, 9–10). 소작농(tenant farms)은 1960년 모든 농장의 41.7%에서 1990년 18.6%로 감소하였다(Akhtar 2018, 50). 반면에 토지가문 사람들은 만디 상인(mandi merchants)이 되었다. 토지에 연관되어 있어 자신들의 사업 이익을 확대할 수 있었다(Akhtar 2018, 50). 신노예노동(neobondage)이 성행하여 지주들의 착취가 여전히 계속되고 있다. 노동자들은 카스트에 의해 분리되고 카스트제도에서는 카스트 간 상호 연대가 아주 적어지고 파트롱체제(patronage)가 지속된다(Martin 2016, 63–64). 파트롱–클라이언트(patron-client) 관계는 서로 호혜를 교환하는 체제라고 할 수 있다. 파키스탄에서는 시혜 요청(sifarish)과 시혜 부여(rishwat)가 일반적이다(Akhtar 2018, 15). 지아의 시기에 파트롱체제가 성공을 거두어 계급과 종족을 초월하여 작동하였다(Akhtar 2018, 2-3). 아유브 칸이 권좌에 오르기 전 국가권력은 토지귀족들이 얼마나 많은 하위계급을 파트롱체제에 끌어들이는가에 달려 있었다(Akhtar 2018, 12).

아유브 칸은 급속한 경제성장과 산업화를 추구했고 저임금의 이주노동자들이 중요했다. 노조에 대한 제재가 강화되었다. 아울러 노동자들을 토지에 묶어두는 것이 필요했다. 이주노동자가 도시로 유입되는 것을 제한하였다. 지주의 토지소유 개혁은 아주 힘센 소수의 지주(ashrafi)의 권력을 없애기 위해서 행해진 것이지 토지 분배를 하기 위한 것이 아니었다. 아울러 줄어든 토지소유에서 대지주들이 상업적 농업을 하도록 하는 것이었다. 펀자브에서 지주의 대다수를 차지하는 중산층 토지 지주를 위한 농촌선거구를 만들었다. 서파키스탄의 62%의 기본민주주의자(BDs: Basic Democrats)들은 지주계급에 속한 사람들이었다. 따라서 BDs들은 귀족지주에 비해 부가 많지 않았지만 여전히 지주계급의 계급이익을 가지고 있었다(Martin 2016, 71). 아유브 칸 시대 이러한 지주계급이 국회에서 1955년 9.5%에서 1962년 44.7%, 1965년 29.8%였다. 이들이 아유브 정권에서 정치권에 진입하고 경제적으로도 이득을 가지게 됨에 따라 펀잡에서 강력한 정치세력으로 등장한다(Martin 2016, 72). 재분배를 강조하지 않고 성장을 추구하다 보니 불평등은 악화되었다(Shah 2014, 101).

부토의 집권 시기에도 이러한 토지에 대한 문제를 해결하지 못했다. 부토에 대한 지지는 도시의 좌파 집단과 중산층 지식인들이었다. 토지개혁과 주택개혁, 코르베 노동 금지가 무토지 노동자와 마을 장인(kammis) 등의 지지를 받았다. 투표권은 자민다리(Zamindari)로부터의 굴레를 벗는 것으로 생각되었다(Martin 2016, 72). 그러나 부토는 권력을 위해 지주계급의 지지가 필요하였다. 그럼에도 불구하고 잠정적으로 토지와 주택 개혁으로 빈곤층의 입장을 반영하였다(Martin 2016, 74). 지주들은 법망의 허점을 이용하여 이익을 취하려했다. 관개 수로가 잘 되는 토지는 상한이 150에이커, 천수답(barani)은 300에이커로 정했다. 문제는 가족이 아니고 개인 상한선이었던 것이 허점이 된 점이다. 많은 지주들이 자신들의 토지를 가까운 가족에게로 이전했던 것이다(Martin 2016, 74). 또 다른 문제는 주택 개혁이었다. 마을 사람들은 보통 지방 지주의 토지 위에서 사는 대신에 무급노동(corvée)을 제공하는 것이 보통이었다. 부토의 개혁은 주택에 대한 법적 소유권을 부여하여 종속에서 벗어나게 해주는 것이었다. 국유지에 대해 식민지가 만들어져 이전에 지주에 속했던 땅에 살았던 사람들에게 5마르라(marla, 1 marla = 25.3㎡)의 토지를 부여했다(Martin 2016, 74-75). 그러나 지주들의 권력은 약화되지 않았다.

둘째, 전통적인 라즈(raj)의 전통이 남아 있어서 군관료 오리가르히(military-bureaucratic oligarchy)가 만능이었기 때문에 이들이 권력을 장악할 수 있었다(Akhtar 2018, 32). 아울러 다민족에 대한 동화정책을 추구하여 종족 갈등을 권력공유보다는 중앙집권화된 총독체제를 통해 억제하려했다(Shah 2014, 4). 사실 오랫동안 지배했던 파키스탄 군부는 서파키스탄 주로 펀자브에서 충원되었기 때문에 중앙집권화된 군사국가는 펀자브 지배와 동일시되었다는 점이다(Shah 2014, 34).

그러나 파키스탄에서 과거 봉건지주들의 역할을 군 요원들이 맡게 되면서 봉건적이고 식민지적인 관습이 지속되었다고 볼 수 있다. 1912년 토지 식민지법(Colonization of Land Act)은 군부 요인들에게 보조금 차원에서 에이커당 20-60루피(0.34-1.03달러)로 토지를 하사하였다(Siddiqa 2017, 211). 1981년 에이커당 50루피(0.86달러), 1994년 60루피(1.03달러)로 증가하였다. 이러한 토지 하사는 아유브 군사정권시대에 두드러지게 나타났다(Siddiqa 2017, 212-214). 군부는 최근 국가 토지 9,367에이커의 12%에 해당하는 1,158만 에이커를 통제하고 있다(Siddiqa 2017, 204).

〈표 45〉 군지배 토지 1,158만 에이커의 토지 배분

	펀자브	신드	카이베르파크툰크와/발루치스탄
전체 토지	62%	27%	11%
도시	48%	19%	4%
농업	14%	8%	7%

출처: Siddiqa(2017).

〈표 46〉 군계급에 따른 토지 부여

계급	에이커
소장(Maj. general) 이상	240
준장(Brigadiers)과 대령(Colonels)	150
중령(Lt.-colonels)	124
중위(Lieutenants)에서 소령(Majors)까지	100
하사관(JCOs)	64
부사관(NCOs)	32

출처: Siddiqa(2017).

파키스탄에서 군부는 다른 집단에 비해 훨씬 큰 영향력을 가지고 경제 단체들을 보유하고 있다. 이것은 시디카(Siddiqa 2017, 131)는 군부와 비즈니스를 합하여 "밀버스(milbus)"라고 명명하였다. 군부가 거대한 "경제 제국(economic empire)"을 가지고 있다는 것이다. 주요 조직은 FF(Fauji Foundation), AWT(Army Welfare Trust), SF(Shaheen Foundation) 그리고 BF(Bahria Foundation)이다. 대기업들뿐만 아니라 중소기업들을 군부가 운영하면서 군부의 지위는 계속되었다고 볼 수 있다. 시디카(Siddiqa 2017, 317)는 2016년경에도 군부가 제도적 권력을 더욱 가지게 됨에 따라 밀버스는 멈추지 않을 것이라고 보았다.

결국 군부는 도시나 농촌에서 군의 특수 이익을 유지하고 있다고 볼 수 있다. 폴(Paul 2014, 18-19)은 파키스탄은 지대국가(rentier state)가 되었다고 평가한다. 군부가 지배함에 따라 경제개혁을 하면 군부가 가장 잃을 것이 많기 때문이라는 것이다. 아울러 재분배적인 세제(redistributive taxation)는 군부의 부를 잠식시키고 경제 권력을 축소시킬 수 있다(Paul 2014, 87).

파키스탄의 경쟁적-사회계약적 권위주의

파키스탄의 민주주의 정도는 낮은 편이다. 앞서 지적한 사회계약적, 경쟁적 권위주의 모델이 파키스탄을 잘 설명할 수 있을 것이다. 파키스탄의 경우 복지 등은 권위주의 정권이 제공하는 것에 만족하는 것으로 평가할 수 있다. 중동에서 일어났던 아랍의 봄과 달리 파키스탄에서는 이러한 민주화

운동이 일어나지 않았던 데 반해 기본복지가 증가해왔다는 것은 소득불평등과 민주주의 관계에 대한 논의에서 사회계약론이나 경쟁적 권위주의 논리가 타당한 논리로 제시될 수 있을 것이다.

〈그림 16〉 기본복지와 대의정부

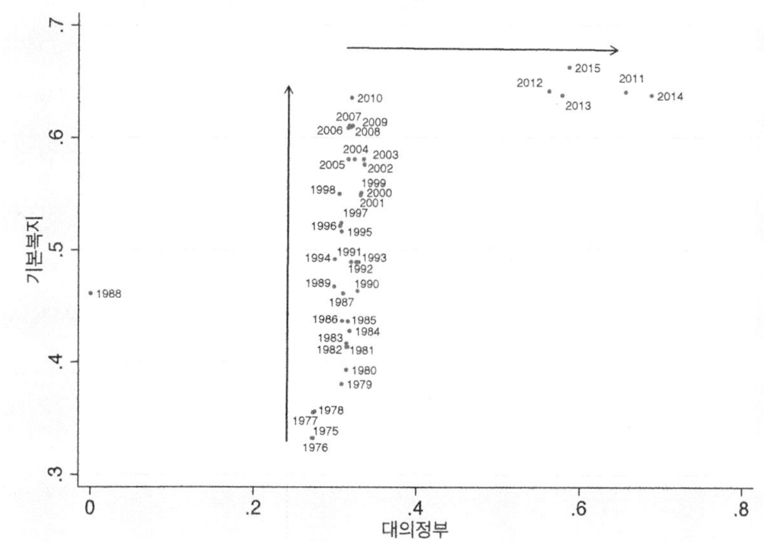

출처: IDEA.

첫째, 파키스탄의 대의정부 수준을 기본복지와 관련하여 연도별로 보면 기본복지가 1975년부터 2010년까지 거의 25년간 증가한 이후 대의정부가 증가했다는 차원에서 사회계약 논리가 타당할 것으로 평가된다. IDEA(International Institute for Democracy and Electoral Assistance)의 데이터자료는 이러한 것을 보여주고 있다. 여기서 대의정부는 깨끗한 선거,

자유로운 정당, 선출 정부 세 가지 요인과 포용적 보통선거를 이용하여 얻은 결과이며 기본복지는 유아사망률, 1인당 1일 kcal, 문자해득률, 평균 학교수학 연도 수에 기본교육 접근과 건강케어 접근 등을 지수화한 것이다.

이러한 기본 복지의 증가에도 불구하고 사회보장과 노동 프로그램이 불평등이나 빈곤을 낮추는 데 크게 역할을 하지 못했다는 것이다. 파키스탄 정부는 사회안전망(social safety nets)을 통해 빈곤의 악영향을 없애려 했다. 친빈곤 정책의 일환으로 2012-13년 GDP의 8.5%, 2014-15년 7.7%, 2014-15년 8.3%, 2015-16년 9.3%, 2016-17 9.5%를 친빈곤 정책에 투자하였다(Finance Division 2018, 220). BISP(Benazir Income Support Programme), 자카트(Zakat), PPAF(Pakistan Poverty Alleviation Fund), 미소금융(Microfinance Initiatives), PBM(Pakistan Bait-ul-Mal), EOBI(Employees Old Age Benefits Institution)이 있다. 2008년 만들어진 BISP의 경우 가족당 3,000루피에서 2013-14년도 3,600루피, 2014-15년도 4,500루피, 2015-16년도 4,700루피, 2016-17년도 4,834루피까지 정부가 주는 프로그램이다. 베나지르 직불카드(Benazir debit card)를 통해 투명하게 지불되며 BVS(biometric verification system)을 채용하기 시작했다(Finance Division 2017, 222). WeT(Waseela-e-Taleem)은 수혜받는 가정은 4-12세 아이를 초등학교에 보내야 하는 조건이 있다. 이로써 2018년경 200만 명의 아이들이 초등학교에 등록했다(Finance Division 2017, 223). BISP의 프로그램으로 수혜자 중 빈곤은 7.0% 줄어들었다고 평가된다(Finance Division 2017, 224).

자카트는 1980년 〈자카트와 우슈르 법령(Zakat and Ushr ordinance)〉

을 통해 세금처럼 거두어들이기로 결정되었다. 자의에 의해 내는 기금이라고 할 수 있지만 파키스탄의 경우 이를 국가가 세금처럼 징수하고 빈곤선 이하의 사람들에게 혜택을 주는 제도이다. 자카트는 라마단 첫날 면제범위를 넘는 1,000루피 이상의 저축 계좌에서 2.5%를 거두어 가며 십일조를 의미하는 우슈르(ushr)는 5%로 지주 등의 농산물에 징수된다. 이 두 가지를 종교부 산하 자카트 위원회에서 관장한다. 자카트는 2017-2018년의 경우 배정된 예산은 80억 977만 루피였다. 연방지역이 7%를 가져가며, 이 7%는 이슬라마바드 수도권(ICT) 35.14%, 길기트발티스탄(Gilgit Baltistan) 18.57%, 연방 직할 부족 지역(FATA) 46.29%로 배분된다. 지방에는 93%가 배분되며 이는 펀자브 57.36%, 신드 23.71%, 카이베르파크툰크 12.92%, 발루치스탄 5.11%로 분배된다(Finance Division 2018, 229).

〈표 47〉 BISP의 재정적 성과(10억 루피)

회계 연도	분배	현금지원			수혜자 숫자(백만 명)
		CCT(Conditional cash transfer)	UCT(Unconditional cash transfer)	합계(CCT+UCT)	
2008-09	15.32	0.04	15.81	15.85	1.76
2009-10	39.94	2.89	31.94	34.83	2.58
2010-11	34.42	5.30	29.66	34.96	3.10
2011-12	49.53	4.28	41.60	45.88	3.68
2012-13	50.10	3.17	43.30	46.47	3.75
2013-14	69.62	1.20	65.11	66.31	4.64
2014-15	91.78	0.45	88.59	89.04	5.05
2015-16	102.00	1.88	96.65	98.53	5.21
2016-17	111.50	2.27	102.10	104.37	5.46
2017-18	58.00	1.04	48.81	49.85	5.63
합계	622.21	22.52	563.57	586.09	-

출처: Finance Division(2018).

SPL이 파키스탄에서 불평등과 빈곤 감소에 미친 영향은 2009년에는 인구 감소가 1.19%였지만 2013년에는 오히려 0.18% 증가하였다.

<표 48> SPL이 미치는 불평등 및 빈곤 감소 효과

항목		2007	2009	2013
커버리지(Coverage)	가장 빈곤한 20%	4.07	15.45	21.25
	전체	9.29	18.77	16.8
수혜발생률(Benefit incidence)	가장 빈곤한 20%	3.33	7.22	5.07
평균이전액수(1인당 1일 달러)	전체	1.28	0.76	0.93
적정성(Adequacy)	가장 빈곤한 20%	22.48	15.33	8.40
	전체	24.13	16.51	19.53
SPL로 인한 지니불평등 감소(% 감소)		0.14	1.19	-0.18
SPL로 인한 빈곤율 감소(% 감소)		7.87	11.3	8.64
SPL로 인한 빈곤갭 감소(% 감소)		15.22	19.68	16.23
수혜-비용비율(Benefit-cost ratio)		0.13	0.16	0.12

출처: ASPIRE Database.

둘째, 민주주의 수요에 비해 공급이 높은 편이다. 파키스탄에서 민주주의에 대한 수요는 높지 않은 데 반해 민주주의 공급이 높은 편이다. 민주주의 수요와 공급을 살펴볼 필요가 있다. 특히 군사지배를 하면서 정통성을 얻기 위해 외형적으로 민주주의 제도를 도입하여 참여를 높이려 했기 때문이다.

매트와 브래튼(Mattes and Bratton 2016)의 연구에서 민주주의 수요에 대한 측정은 선호하는 정치체제로서 민주주의를 지지하는 것, 대통령 독재, 군사지배, 일당정부와 같은 대안적 권위주의 체제를 거부하는 것으로 4가지 차원에서 측정한다. 이에 반해 민주주의 공급은 현행 민주주의에 대한 평가, 민주주의 만족도를 민주주의 공급 차원으로 설정한다.

〈그림 17〉 민주주의 수요와 공급

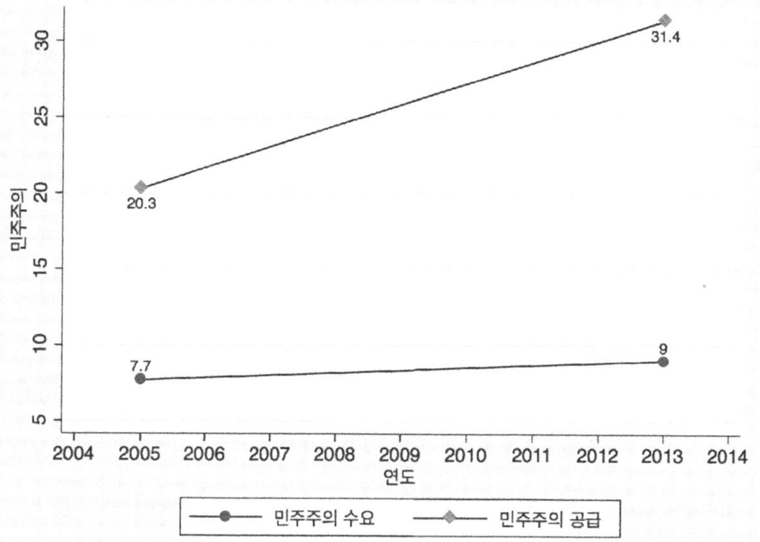

출처: South Asia Barometer surveys wave 1(2005), wave 2(2013).

여기서는 South Asia Barometer surveys wave 1(2005)과 wave 2(2013)를 이용하였다. 민주주의 수요에 대해서는 민주주의에 대한 견해를 묻는 질문에 "민주주의는 항상 다른 정부보다 선호된다"라는 설문에 긍정적으로 답한 응답 35.8%, "의회와 선거를 없애고 강력한 지도자가 결정해야 한다"는 설문에 부정적으로 답한 응답 31.2%, "군이 들어와 통치해야 한다"는 설문에 부정적으로 답한 응답 41.8% 중 이 세 가지 조건을 모두 동시에 충족시키는 비율로 정했다. 민주주의 공급에 대해서는 "지난 선거에서 선거가 자유롭고 공정했는가"라는 설문에 긍정적으로 답한 응답 52.2%, "민주주의 운용에 대해 만족하느냐"라는 설문에 긍정적으로 답한 응답 50.9% 중에서 이 두 가지 조건을 모두 동시에 충족시키는 것으로 설정했다.

민주주의 수요는 2013년 2,487명 중 223명으로 9.0%였다. 2005년에는 1,324명 중 102명으로 7.7%였다. 민주주의 공급은 2013년 전체 2,487명 중 781명으로 31.4%였다. 2005년에는 1,324명 중 269명으로 20.3%였다.

셋째, 군부가 외형상 민주주의를 추구하여 민주주의가 취약했다. 독재에 의한 민주주의(Democracy by Diktat)를 추구했다고 볼 수 있다. 아유브칸은 의회정치를 혐오했다. 1959년 BD(Basic Democracies) 계획을 세웠다. 무지하고 순진한 사람들 일깨워 지방차원에서 선출되는 의회(elected councils)를 만들어 권력을 부여한다는 계획이었다. BD 체제는 카디르(Manzur Qadir)에 의해 1959년 입안되었다. 농촌 지주들이 새로운 정치체제를 지배하게 만들도록 설계되었다. 거의 8만 명의 대표를 선출했다. 나중에는 12만 명으로 증가하였다(Jalal 2014, 105-106). 전국이 8만여 개의 지역으로 나뉘어 보통선거에 의해 1명씩을 선출하는 것이었다. 선거구당 약 1,000-1,500명의 지역구에서 1명을 선출하는 것이었다(Shah 2014, 97). 이것은 사실 대통령 선거인단의 역할을 했다. 아유브 칸은 의회제를 포기하고 대통령제를 택한 것이다. 1960년 1월에 첫 선거가 있었고 2월에 BDs의 95.5%가 아유브칸이 대통령으로서 새로운 헌법을 만들도록 하였다. 1962년 3월 단원제 국회에 대통령제를 헌법에 명시하였다. 아유브 칸은 정당을 금지하고 민주주의의 외형을 갖추기 위해 지방정부를 만들었고 대통령 선거인단을 두었다. 의원들의 입법권은 제한이 가해졌고 의원들은 단순히 지역 요구를 전달하는 브로커의 역할에 그쳤다. 따라서 의원들은 전국적 이슈보다는 지역 이슈에 전념하는 경향이 나타났다. 정당을 금지하면서 돈 있고 힘 있는 사람들만이 의원이 될 수 있게 하였다. 이것은 지주들이 의원으로 되는 것을 가능하게 하였다. 아유브 칸의 BD는 군지배를 합리화하고 대중의 참여를 충족시켜주는 교묘한 모델로 기본적이지도 않았고 민주적이지도 않았다(Paul 2014, 75).

지아 장군 시기에는 PPP 야당을 탄압하였고 당 주도의 선거운동보다도 개인차원의 후보 운동을 선호했다(Martin 2016, 76). 지아는 PML-Q(Pakistan Muslim League Quaid-iAzam)을 통해 의회적 외관을 가지면서 독재를 행할 수 있었다. 무샤라프 장군 시기에는 하위 행정단위에 선출 의회를 재건하였다. 구 차원에서는 실권을 행사하도록 했다(Shah 2014, 193-194).

민주주의를 추구하는 부토(Benazir Bhutto: Bibi로 알려짐) 대통령의 역할은 성공하지 못했다. 비비는 대기업과 대지주와 연합함으로써 선거에서의 약점을 보완하려 하였다. PPP의 문호를 PML(Pakistan Muslim League) 변절자들에게 개방함으로써 충성당원들을 분노케 하였다(Jalal 2014, 262-263). 군부의 시시를 얻기 위해 외교 문제 등을 군부에 넘겼다는 데 문제가 있다(Martin 2016, 78-79). 그러나 비비가 군부와 사이가 벌어진 것은 신드주에서 계엄령을 거부하였기 때문이다. 1990년 이샤크 칸(Ishaq Khan) 대통령은 군고위층과 연합하여 헌법 58조 2b항에 따라 비비를 버렸다. 이샤크는 비비가 부정을 저질렀다고 비난하였다. 545 거주지를 PPP 당원들에게 시장 가격 이하로 나누어 주었다는 것이다(Jalal 2014, 270-272).

여전히 문제가 남아 있는 파키스탄

파키스탄은 "전사국가"라고 할 만큼 군부의 힘이 큰 국가이다. 폴(Paul 2014, 5-6)은 "지리전략적 저주(geostrategic curse)"라고 말한다. 파키스탄, 이집트, 필리핀처럼 지리적으로 강대국들에게 전략적 중요성을 가진 국가는 국내 경제발전을 우선시하려는 경향이 약하다는 것이다. 전략적 이유로 많은 해외 원조를 받지만 이것이 경제발전으로 이어지지 않는다. 파키스탄 엘리트들은 정치경제 개혁을 하지 않고 대외적으로 안보를 중요시하는 정치지리적 경향의 정책을 추진해왔다. 따라서 국내는 정체되고 혼돈을 맞이하였고 결과적으로 오히려 정치 안보도 불안해졌다는 것이다(Paul 2014, 3). 이러한 지리전략적 저주 차원에서 어떻게 파키스탄에서 군부가 득세해왔는지 그리고 왜 불평등이 지속되고 발전이 지연되었는지를 설명할 수도 있지만 소득불평등과 관련된 재분배, 민주주의와 관련하여 파키스탄에서 소득불평등과 민주주의의 관계는 사회계약론이나 경쟁적 권위주의에서 이야기하는 것이 바람직하다고 본다.

권위주의 국가라고 하더라도 독재를 유지하기 위해서는 일정 정도의 사회 보장과 고용 등을 제공해주어야 소득불평등에 따른 폭동의 우려와 정치 불안을 피할 수 있을 것이다. 권위주의 국가에서 선거제도를 실시하고 다당제를 추구하는 것은 사실상 외형적 정통성을 추구하기 위한 것이다. 문제는 권위주의 국가에서도 선거제도가 시행되고 있고 재분배주의자들이 이야기하는 현상이 발생할 수 있다는 데 있다. IDEA 자료에 따라 시계열적으로 보면 거의 25년간 기본복지가 조금씩 증가된 이후 2010년대 이후 대의정부

지표가 상당히 개선되었다. 기본복지의 증가가 일정 정도 지속된 이후 대의 정부 수준도 급속하게 증가하였다. 따라서 민주주의가 개선되고 있고 선거가 실시되고 있기 때문에 장기적으로 재분배 요구 등이 높아질 수 있다.

그러나 문제는 여전히 남아있다. 파키스탄에서는 오랫동안 군부지배로 인해 민주주의에 대한 수요가 공급보다 낮은 편이다. 아울러 오랜 군부지배는 과거 지주계급들의 독점적 지위를 군부 요인들에 의해 대체됨으로써 봉건적 지주제도가 잔존하고 있고 파트롱체제 정치가 뿌리 깊게 잔존하고 있어서 단시일 내에 민주화 등은 여전히 어렵다고 볼 수 있다. 게다가 종교적으로 종족적으로 갈등이 깊다. 파키스탄에서 이슬람 인구는 95%에 달한다. 수니파가 인구의 75%, 시아파가 20% 정도이다. 기독교, 힌두교 등이 5%이다. 문제는 수니파 중 데오반드주의자(deobandis)가 인구의 15%, 바렐비주의자(barelvis)가 60%를 차지한다. 데오반디스는 코란이 생에 대한 완전한 가이드라고 믿는 데 반해 바렐비스는 온건파다. 탈레반과 연계되어 있는 종파는 데오반디스이다. 사실 부토나 베나지르는 시아파였다(Paul 2014, 130). 결국, 지금까지의 소득불평등의 해소는 정권 차원의 시혜로 볼 수 있을 것이다. 대표적인 자카트 위원회 등은 빈곤층을 위해 군부가 만든 제도라고 할 수 있다. 군부는 여전히 불안을 이유로 지배를 정당화시키고 군부의 이익을 유지하려 할 것이다. 아울러 군부가 거대 기업 등을 소유하고 "밀버스"를 운영함으로써 군부의 영향력은 쉽게 사라지지 않을 것이다. 태국에서 군부가 대기업이나 방송국 등을 오랫동안 소유하다 민영화되거나 중국에서 군 소유 재벌들이 민영화되었듯이 파키스탄에서 만약 군부의 기업 소유와 지배를 민영화하여 군부의 경제적 이해관계를 감소시키지 않으면 군부의 영향력은 계속될 것이다. 2013년 총선에서 PMI-N은 166석, PPP 45석을 차지하였고 새로운 신생정당인 Jahanbakhsh 2001, 이람 칸(Iram Khan)의 PTI가 34석을 차지하였다. 전통적이 아닌 정당이 선거에서 두각을 나타낸 것은 파키스탄 역사상 처음 있는 일이다. 사실 이람 칸은 2004년 자유(Azadi) 운동을 벌였고 샤리프(Nawaz Sharif)의 사임을 주항해 수천 명을 이슬라마바드에 모이게 했던 사람이다(Esposito et al. 2016, 111-112). 파키스탄이 이슬람의 변방으로서 인도와 같은 경제 성장을 이루고 불평등과 빈곤을 어느 정도 해결할지는 두고 볼 일이다.

제6장

방글라데시의 소득불평등과 민주주의

방글라데시는 중소득 국가

방글라데시는 2014년 저중소득국가(LMDCs: Low middle income countries)로 선정되었다. GNI가 1,080달러를 넘어 세계은행이 정한 기준선인 1,045달러를 넘어서자 세계은행은 저소득국가(LICs: Low income countries)와 중소득국가(MICs: Middle income countries)를 구별하게 된 것이다. 당시에 극빈으로 살고 있는 사람이 2,810만 명을 넘었다. 세계은행이 방글라데시를 LMICs로 인정하고 있지만 유엔은 여전히 저발전국(LDCs: Least developed countries)로 취급하고 있다(Rahman and Mujeri 2018, 289-291). 방글라데시는 세계에서 가장 빈곤한 국가로 알려져 있을 뿐만 아니라 평방킬로미터당 약 1,000명이 살고 있어 인구밀도가 높은 국가이다. 인구도 매년 거의 2% 증가하고 있으며 출산율은 1970년에 6명이었지만 현재는 3명이다. 농업이 주를 이루고 있고 농지가 전체 토지의 70%를 차지하며 2012년의 경우 GDP의 23.5%가 농업에서 나왔고 고용의 62%를 점하였다(Islam and Lee 2016, 1501).

방글라데시에서 소득불평등은 어느 정도이고 빈곤은 여전한지의 문제가 제기된다. 왜 방글라데시에서 여전히 불평등과 빈곤이 심하여 그동안 중진국으로 진입하지 못했는가, 불평등과 빈곤의 문제는 민주주의를 통해 해결될 수 없는 것인가, 민주주의가 정착되지 않아서 방글라데시가 소득불평등과 빈곤에서 벗어나지 못했는가를 분석하는 것이다.

방글라데시의 GDP 성장률은 2000-2013년 연평균 5.9%로 1990년대보다 높았다. 구매력평가지수(PPP)를 조정한 1인당 GNI는 2000년 1,140달러에서 13배 증가하였다. 이에 따라 방글라데시의 빈곤인구도 2000-2010년 사이 49%에서 31%로 감소하였다(World Bank 2016, 25). 방글라데시가 빈곤퇴치에 크게 성공했지만 여전히 빈곤은 해결되지 않았고 인구의 약 31.5%가 여전히 빈곤에 처해 있는 것이 현실이다(Ferdousi and Dehai 2014, 1). 불평등은 지니계수로 2000년 0.451, 2005년 0.467, 2010년 0.458이었다(Ferdousi and Dehai 2014, 8).

물론 방글라데시가 여전히 농업이 중요한 역할을 하는 국가이기 때문에 불평등 해소와 빈곤 탈피가 어려웠을 수도 있다. 방글라데시에서 농업이 2010년 2,270만 개의 일자리를 창출했고 농촌 노동력의 54.5%를 차지하였다(Gautam and Faruqee 2016, 22-23). 세계은행의 2013년 빈곤평가 리포트(PAR: Poverty Assessment Report)는 농업이 후진 분야라는 주장을 뒤집었다. 2000-2005년 비농 소득은 빈곤감소의 거의 30% 공헌한 데 반해 농업소득 성장은 21% 기여하였다. 그러나 방글라데시에서 2005-2010년은 농업소득 성장이 빈곤 감소의 90% 이상을 책임지고 비농업부문 성장이 6%만을 책임지는 것으로 변했다(Gautam and Faruqee 2016, 1-2). 2003-2010년 도시지역에는 매년 2.1% 증가하였던 데 반해 농촌에도 비농직업이 있었고 농촌 고용은 3.1% 증가하였다. 2010년경 농촌 비농 부문 고용은 1,890만 명으로 전체 도시 고용 1,240만 명보다 50% 이상 높았다(Gautam and Faruqee 2016, 22).

그러나 농업만으로는 이러한 문제를 해결하기 어렵다. 다른 경제적 조처들을 통해 소득불평등을 낮추고 빈곤에서 탈피할 수도 있지만 본 연구에서는 민주주의가 소득불평등의 문제와 연계되어 있다는 차원에서 방글라데시의 소득불평등과 민주주의의 관계를 분석하고자 한다. 재분배 등으로 불평등과 빈곤이 줄어들었는지 분석한다. 정치경제학 차원에서는 소득불평등과 빈곤을 해결하는 데 민주주의의 역할이 중요하다고 볼 수 있다. 소득불평등이 심해지면 중위권 투표자의 역할이 중요해지고 재분배를 선호하는 정당을 지지하게 되고 결국 불평등은 줄어들고, 소득불평등이 줄어들면 민주주의 체제의 안정 가능성도 높아진다고 할 수 있다(Meltzer and Richard 1981, 916; Acemoglu and Robinson 2006, 117; Boix 2003, 37). 물론 소득불평등이 있다고 해도 재분배 증가가 이루어지지 않는다는 반대논리도 있다(Ansell and Samuels 2014, 4-6).

방글라데시가 아프리카나 남미의 국가들과 달리 종족 갈등, 사회갈등이 적은 좋은 조건을 가지고 있음에도 불구하고 여전히 불평등과 빈곤에 시달려온 이유는 무엇인가를 중점으로 다루고자 한다. 소득불평등이 얼마나 되는지를 파악하기 위해 BIHS(Bangladesh Integrated Household Survey) 2015 데이터를 이용한다. 아울러 민주주의 관련하여 SABS(South Asia Barometer Survey) 2차 조사(Wave 2) 데이터도 사용한다.

방글라데시의 소득불평등

방글라데시 통계국(BBS: Bangladesh Bureau of Statistics)에 의하면 2015년 지니계수는 소비불평등을 기준으로 0.32, 소득불평등은 0.45였다. 2020년까지 목표를 소비불평등 0.30, 소득불평등 0.45로 잡고 있다. 지니는 완전평등 0, 완전 불평등 1(또는 100)로 본다. 빈곤의 경우 국가빈곤선 이하 인구의 비율은 HIES 2010년 기준으로 국가 31.5%, 농촌 35.2%, 도시 21.3%였다. 2020년에는 16.6%로 낮출 계획이다. 국가 극빈선 이하 인구 비율은 HIES 2010년 기준으로 전체 17.6%, 농촌 21.1%, 도시 7.7%였다. 2020년에는 8.0%로 줄일 계획이다. 빈곤 퇴치 전략의 일환으로 사회보장에 대한 정부 지출은 2015년 2.02%였다. 2020년에는 1.80%로 예정하고 있다(BBS 2016, 6-7).

세계은행은 방글라데시의 지니계수를 1991년 27.6, 1995년 32.9, 2000년 33.4, 2005년 33.2, 2010년 32.1, 2016년 32.4로 잡고 있다. 이에 반해 BBS는 2000년 47.2, 2005년 46.7, 2010년 45.8로 추산하였다. 빈곤율은 BBS에 따르면 2000년 34.3%, 2005년 25.1%, 2010년 17.6%, 2016년 12.9%로 추산된다. 극빈(extreme poverty)의 경우 2000년 48.9%, 2005년 40.0%, 2010년 31.5%, 2016년 12.9%로 추산하였다. 방글라데시에서 빈곤을 측정하는 방법은 과거에는 칼로리 섭취로 측정하는 DCI(Direct Calorie Intake) 방법이 쓰이지만 방글라데시에서 1990-1991년 가구지출조사(Household Expenditure Survey)에서 필수품 지출로 측정하는 CBN(Cost of Basic Needs) 방법을 사용하였고 지금은 두 가지 방법을 모두 사용한다(Rabbani and Islam 2010, 2).

칸(Khan 2015, 139)에 따르면 방글라데시의 지니계수가 2000년 0.439이던 것이 2010년 0.472로 증가했다. 농촌이 2000년 0.374에서 2010년 0.446으로 증가했고 도시는 0.437에서 0.454로 증가했다고 추산하였다.

<그림 18> 지니계수와 빈곤율 및 극빈율

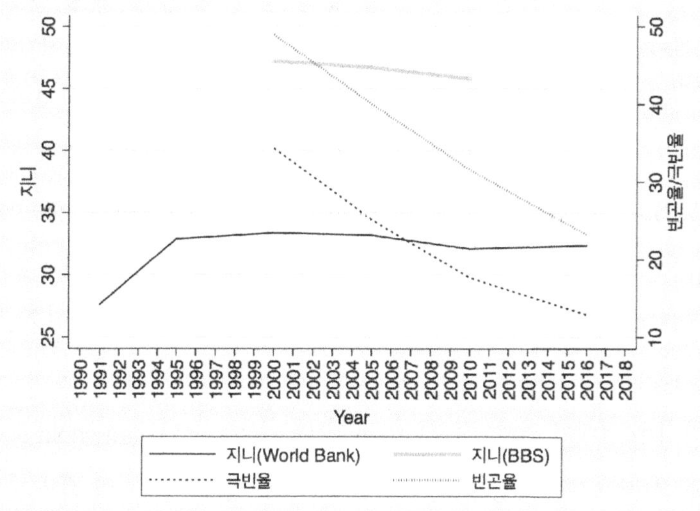

출처: World Bank; BBS.

<표 49> 지니계수

	전국		농촌		도시	
기간	칸	BBS	칸	BBS	칸	BBS
1991/92	0.317	0.388	0.285	0.364	0.345	0.398
1995/96	0.387	0.432	0.320	0.384	0.400	0.444
2000	0.439	0.472	0.374	0.430	0.437	0.497
2005	0.482	0.467	0.436	0.428	0.503	0.497
2010	0.472	0.458	0.446	0.431	0.454	0.452

출처: Khan(2015).

지니계수의 경우 이렇게 차이가 나는 이유는 세계은행의 추산은 소비지출을 가지고 지니계수를 산출한 반면 BBS는 총소득을 가지고 지니계수를 추산했기 때문이다. 불평등은 감소하다가 2010년을 계기로 미미하게 증가하고 있다. 물론 선진국의 경우 소득을 가지고 지니계수를 산출하는 데 반해 후진국에서는 주로 소비지출을 가지고 지니계수를 산출하는데 이럴 경우 선진국에서는 불평등이 높아보이게 되고 후진국에서는 낮아보이게 되는 효과가 있다. 방글라데시의 경우 소비지출로 지니계수를 측정할 경우 1984년 0.26, 1992년 0.28, 2000년 0.33, 2005년 0.33, 2010년 0.32인 데 반해 소득으로 지니계수를 산정할 경우 1984년 0.37, 1992년 0.39, 2000년 0.45, 2005년 0.47, 2010년 0.46으로 평가되기도 한다(Helal and Hossain 2013, 342).

여기서는 서베이 조사인 BIHS(Bangladesh Integrated Household Survey) 2015를 가지고 소득불평등을 산출하고자 한다. 방글라데시의 전체 불평등, 지방별 불평등, 부분 간 불평등을 추산한다.

첫째, 방글라데시의 소득불평등을 통해 추산하면 월 총소득으로 할 경우(N: 14,545) 지니계수 0.617로 상당히 높은 편이었다. 이에 반해 지난 7일간 일한 적이 있느냐라는 설문을 통해 일일 현금소득으로 할 경우(N: 2,194) 지니계수는 0.24로 상당히 낮은 편이다. 보수의 형태(N: 20,928)를 보면 일급이 10.8%, 봉급 3.8%, 자영업 63.7%, 무임노동 21.7%였다. 특히 일급이 봉급보다 거의 3배가 많다는 것은 경제가 아직 발전되지 못한 상황이라고 볼 수 있다. 직업을 보면 농사 70.5%, 임금 노동 10.6%, 자영업 7.2%, 상업 6.9%였다.

〈표 50〉 방글라데시의 소득불평등

변수	추정	표준편차	하한	상한
지니(월소득)	0.617485	0.004009	0.609626	0.625344
지니(일소득)	0.240877	0.004702	0.231656	0.250099

출처: BIHS 2015에서 저자 추산.

둘째, 지방별 불평등은 얼마나 되는가? 지방별로 보면 대략 불평등이 높았다. 방글라데시에는 8개의 구(bibhag), 64개의 질라(zila), 429개의 우파질라(upazila)가 있다. 구의 불평등을 보면 쿨나가 낮은 편이고 치타공이 소득불평등이 높다.

〈표 51〉 지방별 지니

구	추정치	표준편차	하한	상한
바리살(Barisal)	0.619592	0.008620	0.602697	0.636488
치타공(Chittagong)	0.663043	0.009689	0.644051	0.682035
다카(Dhaka)	0.618259	0.007014	0.604511	0.632008
쿨나(Khulna)	0.575811	0.007855	0.560415	0.591207
라지샤히(Rajshahi)	0.612624	0.008873	0.595232	0.630016
랑푸르(Rangpur)	0.624421	0.010422	0.603993	0.644849
실렛(Sylhet)	0.588869	0.018734	0.552147	0.625591
전체 인구	0.617485	0.004009	0.609626	0.625344

출처: BIHS 2015에서 저자 추산. 마이멘싱(Mymensingh) 구는 2015년에 신설되어 조사에 없음.

셋째, 직업별 불평등은 어떻게 되는가? 소득은 임금노동자 4,329타카(Taka), 봉급노동자 6,088타카, 자영 6,296타카, 무역 8,468타카, 생산 2,175타카, 축산 6,497타카, 농사 1,656타카였다. 지니로 본 불평등은 농사가 0.719로 가장 심했고 임금노동이 0.328로 가장 적었다.

〈표 52〉 직업군으로 본 불평등

집단	추정치	표준편차	하한	상한
임금노동	0.328337	0.005176	0.318191	0.338482
봉급노동	0.415538	0.011839	0.392333	0.438744
자영	0.401955	0.009842	0.382663	0.421247
무역	0.447664	0.018255	0.411883	0.483446
생산	0.576518	0.028339	0.520970	0.632067
가축관련 직업	0.541405	0.058790	0.426170	0.656640
농업	0.719402	0.004490	0.710600	0.728203
전체 인구	0.617485	0.004009	0.609626	0.625344

출처: BIHS 2015에서 저자 추산.

방글라데시의 민주주의

민주국가에서 소득불평등이 감소하는 이유는 투표권을 가진 유권자들의 경우 부자는 재분배를 반대하겠지만 빈곤층은 재분배를 선호하기 때문에 수적으로 많은 못사는 사람들은 재분배를 선호하는 정당에 투표를 하게 될 것이기 때문이라고 추정할 수 있다. 물론 권위주의적 국가에서는 재분배 압력에 따라야 할 이유는 없다(Savoia et al. 2010, 147). 그러나 최근의 논쟁으로는 권위주의적 국가라고 하더라도 외관상 다당제나 선거제도를 유지하고 피치자들이 복종하는 대신에 이들에게 무언가를 제공해주어야 한다는 경쟁적 권위주의, 사회계약 논리 등이 있다. 방글라데시에서도 1991년에서 2007년까지 선거를 통한 경쟁이 가속화되었다고 평가할 수 있고 정권의 차원에서도 재분배적인 조처가 필요했을 것으로 추정할 수 있다. 소득불평등과 빈곤의 문제 해결은 민주주의와 밀접한 관계가 있다는 차원에서 방글라데시의 민주주의를 우선적으로 살펴보고자 한다.

방글라데시에서 민주주의 수요와 공급은 어떤가? 민주주의 선호, 강력한 일인 지배 반대, 군사지배 반대에 모두 찬성하는 비율을 산정하여 민주주의 수요로 하고 민주주의 운용에 대한 만족도를 민주주의 공급으로 설정하였다. 매트·브래튼(Mattes and Bratton 2016, 5-12)의 연구에서 민주주의 수요는 민주주의 선호, 대통령 독재, 군사지배, 일당정부와 같은 대안적 권위주의 체제를 거부하는 것으로 네 가지 차원에서 측정하였고 이에 반해 민주주의의 공급은 현행 민주주의에 대한 평가, 민주주의 만족도를 민주주의 공급 차원으로 설정한 바 있다. 이러한 차원에서 본 연구에서는 남아시아바로미터 2차 조사 데이터를 분석하여 산출한 민주주의 수요는 47.1%였다. 이에 반해 민주주의 공급은 43.3%로 공급이 수요를 따라가지 못하였다.

〈그림 19〉 민주주의에 대한 평가

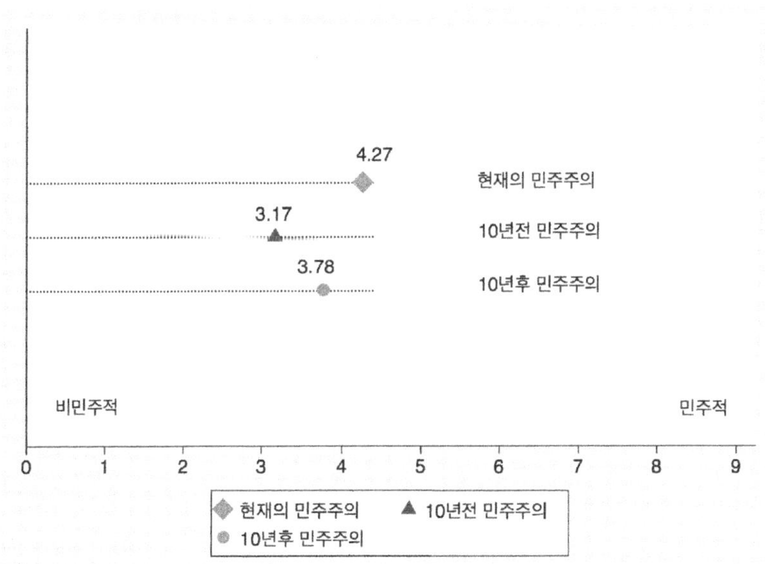

출처: South Asia Barometer wave 2에서 저자 추산.

문제는 민주주의에 대한 평가를 비민주적(0)부터 민주적(9)까지로 보면 전반적으로 평가 평균이 50%를 넘지 못한다. 더구나 10년 전의 민주주의에 비해 현재의 민주주의가 민주적이라고 평가하는 데 반해 10년 후에는 민주주의가 후퇴할 것이라고 본다.

방글라데시는 민주주의가 왜 정착되지 못하였는가? 왜 사람들은 민주주의가 오히려 후퇴할 것이라고 보는가? 이러한 문제는 방글라데시의 정치사에서 찾아볼 수밖에 없을 것이다.

첫째, 방글라데시는 군부 쿠데타와 암살이 일어나 정권이 바뀌는 역사를 반복해왔다. 독립 시기 영웅이었던 무집(Mujib)으로 알려진 무지부르 라만(Sheikh Mujibur Rahman)이 1973년 선거 이후 권력을 장악했지만 군부가 쿠데타를 일으켜 무집을 살해하고 정부가 바뀌었다. 이어서 모스타크(Khondaker Mostaq Ahmad)가 정부를 구성하였으나 바로 쿠데타가 일어나 모스타크가 밀려나고 권력 공백을 이용해 지아(Zia)로 알려진 지우르 라만(Ziaur Rahman) 장군이 권력을 장악하였다. 1981년에는 지아가 암살당하고 사테르(Abdus Satter)가 통치하지만 바로 에르샤드(Hussein Muhammad Ershad)가 1982년 무혈쿠데타로 집권하였다. 에르샤드도 1990년에 밀려났지만 이는 기존 양대 정당의 압력과 파업 때문이었다.

쿠데타 등으로 집권한 통치자들은 새로 정당을 만들어 지배하였다. 아와미연맹(AL: Awami League)은 1950년대 슈라와르디(Husain Shaheed Suhrawardy)에 의해 만들어졌고 무집이 이끈 정당이다. AL은 독립과정에서 중요한 역할을 했기 때문에 1973년 선거에서 승리할 수 있었다. 무집 정권을 이어 나타난 정권은 지아가 BNP(Bangladesh National Party)를 창당하여 집권하였다. 에르샤드는 정권을 장악하고 자티야당(Jatiya Party)을 만들어 통치하였다.

일당 독재적인 체제를 구축하려 했다. 무집은 무집주의(Mujibism)로 알려진 민족주의, 사회주의, 세속주의, 민주주의를 기본으로 하게 되었고 경제와 기업을 국유화하였을 뿐만 아니라 1974년 계엄령을 선포하여 BAKSAL(Bangladesh Krishak Sramik Awami League)이라는 일당 체제를 만들었다. 지아는 계엄을 선포하고 의회를 해산하기도 하였다. 에르샤드도 1982년 무혈쿠데타로 집권하고 계엄을 선포하였다.

둘째, 방글라데시를 지배하던 양대 정당은 AL과 BNP라고 할 수 있다. 이러한 정당들은 전 독재자의 친족들이 지배하는 정당으로 변질되었다. 무집의 딸 하시나(Sheikh Hasina Wajid)가 AL을 지배하였다. 지아의 미망인인 칼레다(Khaleda Zia)는 BNP를 지배하였다. 양대 정당의 생사를 건 경쟁이 문제이다. 기본적으로 정당의 성격이 다르다. AL은 세속적이고 독립을 옹호하고 무집을 지지하며 친인도 반파키스탄일 뿐만 아니라 벵갈 민족주의를 추구한다. 이에 반해 BNP는 비세속적이고 반해방적, 무집에 반대하고 반인도 친파키스탄이며 방글라데시 민족주의를 추구한다(Azad and Crothers 2012, 210). 방글라데시에서 이들 양대 정당의 반목은 상당히 심각했다고 볼 수 있다. 1991년부터 2001년까지 정당 갈등은 총 2,423개가 있었고 이 중 BNP정권 당시에는 1,066개로 44.00%를 차지했고 AL정권에서는 927건으로 38.25%를 차지하였다. 정치왕조(political dynasty)라고도 할 수 있다. 하나는 무집 왕조이다. 하시나는 무집의 딸로 1996-2001년 수상을 했고 현 수상이다. 다른 하나는 지아 왕조이다. 지아의 미망인 칼레다가 1984년 BNP를 지배하였고 1991년 처음으로 민주선거에서 승리하여 1991-1996년까지 그리고 2001-2006년까지 수상을 맡았다(Amundsen 2013, 1). 정권에서의 정당 갈등은 총 정당 갈등 중 BNP정권 당시 44.0%, AL정권 당시 38.3%였다. 선거관리과도정부(CTG: Caretaker government) 시기에도 2001년에는 13.5%나 되었다. 야당에 의해 보이콧된 의회일정도 상당히 높은 편이었다.

〈표 53〉 정권에서의 정당 갈등, 1991-2001

정부	갈등의 숫자	비율(%)
BNP 정권	1,066	44.00
CTG(1996)	102	4.21
AL 정권	927	38.25
CTG(2001)	328	13.54
합계	2,423	100

출처: Islam(2006).

〈표 54〉 야당의 의해 보이콧된 의회 개회일수

의회	개회 일수	야당의 보이콧되는 일수	비율(%)
1차	134	1	0.74
2차	206	67	32.52
3차	75	29	38.66
4차	168	3	1.78
5차	395	135	34.17
6차	4	-	-
7차	383	163	42.55
8차	373	223	59.78
9차 (2012년 11월 29일까지)	337	283	83.97
합계	2075	904	43.56

출처: Firoj(2013).

아프리카나 중동 그리고 남미 등 많은 국가에서 민주주의가 발전하지 못하고 소득불평등과 빈곤 등이 만연한 이유는 대부분 종족 간 갈등과 내전 등이 그 원인이었음을 감안하면 방글라데시는 민주주의와 소득불평등 빈곤이 큰 문제가 되지 않을 수 있음에도 그러지 못한 이유는 무엇일까? 사실 방글라데시는 독립 후 경제발전을 이룩하고 빈부격차를 해소함은 물론 정치적으로 민주주의를 정착시킬 좋은 조건들을 갖추고 있었다.

첫째, 아프리카나 중동 등 종족 갈등과 내전으로 경제가 발전하지 못하고 빈곤에 시달리는 국가들과는 달리 방글라데시는 종족 갈등이 상대적으로 적은 국가 중의 하나이다. 종족과 언어적인 문제가 거의 없다. 종족이 거의 하나이고 종교적으로도 무슬림이 대부분이고 힌두교도가 있을 뿐이다. 종교적으로는 이슬람 국가로서 무슬림이 전체 인구의 약 83%를 점하고 있으며 힌두교도가 약 16%를 차지하고 있다.

둘째, 방글라데시는 사회적으로도 갈등이 없는 사회라고 할 수 있다. 지주를 의미하는 자민다리 체제가 있었지만 1950년의 EBSATA(East Bengal State Acquisition and Tenancy Act)로 자민다리 체제가 폐지되고 대부분의 자민다르는 대부분 인도로 이주하였기 때문이다(Islam 2016, 209).

이러한 호조건에도 불구하고 앞서 지적한 정치사적인 문제들이 있어서 민주주의가 정착되지 못하고 권위주의 체제가 지속되었을 뿐만 아니라 사회적으로도 민주주의를 저해하는 여러 요인들이 있었다고 평가할 수 있다.

첫째, 파트롱–클라이언트 관계가 지속되는 특징을 가지고 있다. 파트롱–클라이언트를 통해 방글라데시의 정치발전을 설명하는 데 도움이 된다(Meisburger 2012, 2). 방글라데시에서는 사마즈(samaj)라고 하는 파트롱–

클라이언트 관계가 마을 지도자와 추종자 사이에 만들어져 있다. 이것은 지방 정부로부터도 분리되어 있고 유연하고 협의된 지역기구의 역할을 했다. 이러한 전통은 지금은 사라졌다고 이야기할 수 있다(Lewis 2011, 22). 사마즈 전통은 적절한 거버넌스는 기존 시스템을 유지하거나 현재 상태대로 유지하는 것을 의미한다. 안정을 강조하고 기존에서 벗어나는 것은 체제의 전체 몰락을 가져오는 것으로 인식하게 만든다. 안정을 가져오기 위해서는 보스와 추종자 간에 개인적 관계를 중시하기 때문에 공사 구분이 어렵게 된다. 정실주의 파트롱관계는 클라이언텔리즘을 특징으로 한다(Jamil 2002, 99). 사마즈는 사회적 집단체(social collectivity)의 성격을 가지고 있어 사회경제적으로 지위가 상승하고 부를 축적하고 권력을 조정하게 되면 자신과 처지가 같았던 사람들(amader lok)과 거리가 멀어지게 되는 경우 질투를 의미하는 포로스리카토로타(poro-sri-katorota)를 이용해 자선을 베풀어야 한다(Mannan 2015, 31). 이것은 더욱 클라이언텔리즘을 강화시켜준다. 아울러 벵갈의 무슬림들은 양반을 의미하는 아쉬라프(ashraf)와 상민을 의미하는 아즈라프(ajlaf)를 구별한다(Lewis 2011, 26). 1970년대 무렵에는 19세기적인 아쉬라프와 아즈라프의 구별보다 다야(daya)라는 형태의 사회구조가 중요해졌다. 축복을 의미하는 다야의 개념으로 이것은 생존에 도덕적 의미를 가지게 하고 잘나가는 사람들의 존경을 받는 현상이다(Lewis 2011, 99-100).

이러한 사마즈에 타드비르(tadbir)의 힘을 이용하여 행정부에 영향을 미치고 책임을 조작할 수 있어 모든 행정과정에 영향을 미칠 수 있다(Khan 2013, 208). 타드비르는 회유시키고 개인적 로비를 하는 것을 말한다. 개인이나 기업이나 타드비르를 기반으로 개인 커넥션을 발전시킨다는 것이다. 권력의 남용, 권위의 집중을 가져오고 이 네트워크 밖에 있는 사람은 소외되기 마련이다(Jamil et al. 2013, 243). 이러한 요인들이 클라이언텔리즘으로 연결된다.

또한 깡패라고 할 수 있는 무스탄스(mustaans) 현상도 파트롱 문화의 하나로 강한 자에 의한 착취가 이루어지고 있다(Lewis 2011, 23). 많은 사람들은 괴롭힘을 당하는 호이라니(hoirani)를 일상생활에서 많이 받는다. 공개적으로 방해한다거나 서비스에 대해 비공식적으로 지불하기를 요구하고 폭력도 행사한다(Lewis 2011, 23). 깡패는 보스의 보호아래 돈으로 보호막을 형성하고 상인들로부터 통행세 등 돈을 뜯어내는 것을 말한다. 이들이 지배정당이 되거나 야당이 되면 경찰의 보호도 받으면서 나쁜 짓을 할 수 있다(Blair 2010, 99-104).

둘째, 하르탈(hartals)의 문제가 전통으로 남아 있어 민주주의 강화에 저해가 되고 있다. 하르탈은 구자라트(Gujarati) 언어로 '가게를 닫다' 또는 문을 '걸어 잠근다'라는 의미로서 소요를 하기 위해 특정 기간 문을 닫는 것을 말한다. 인도의 간디가 비폭력 운동을 하면서 정치 투쟁을 한 것이 하르탈의 시작이었다(UNDP 2005, 16). 의회를 보이콧하거나 정부의 사임을 촉구하는 것 등이다. 물론 이러한 행동에는 한계가 있어서 고함을 지르고 격하게 토론도 하지만 방어선은 넘지 않는다. 야당으로서 자기 존재를 부각시키는 전략이라고 볼 수 있다(Blair 2010, 104). 그럼에도 불구하고 선거결과를 승복하지 않고 보이콧 한다든지 하는 일이 일상화되어 있는 것이다.

〈표 55〉 전국적인 하르탈의 숫자, 1962-2013

연도	정권	전국
1947-71	독립 전	47
1972-75	AL	5
1975-82	Zia, BNP	6
1982-1990	에르샤드	72
1991-1996	BNP	26
1996-2001	AL	215
2001-2006	BNP	173
2007-2008	파크루딘 아메드, 모엔 아메드	0
2009-2011	AL	11
2012	AL	29
2013	AL	62

출처: Rahman(2014).

하르탈은 폭력을 유발하고 경제에 악영향을 미친다. 하르탈이 1947-1970년에는 1년에 3일이었던 것이 1971-1982년 7일, 1983-1990년 17일, 1991-2013년에는 46일로 증가하였다(Islam 2016, 143). 1년에 1달 정도인 것이다. UNDP의 추산에 따르면 1991-2000년 GDP의 4.5%의 평균 손실을 가져왔고 1995-1999년 100억 달러의 손실이 하르텔 때문이라고 추산하였다. 세계은행은 1990년대 하르탈로 인해 GDP의 5%가 손실을 입었다고 한다. 경제에 미친 하르탈의 영향은 GDP의 약 4.5%의 손실을 가져왔다(UNDP 2005, 32-33). UNDP 서베이 조사에서는 GDP의 3-4%의 손실을 가져왔다(UNDP 2005, 38). 정당들이 하르탈을 많이 사용하였다. 1947-2002년까지 1,172번의 하르탈이 있었다. AL당과 BNP당이 각각 12%를 차지하였고 학생 집단이 17%, 소비자집단, 사업계가 17%, 노조 등이 3%였다. UNDP 방글라데시지부가 3,058명을 대상으로 실시한 서베이 조사에서 73%가 하르탈이 시민의 권리로서 합법적이라고 보았다. 55%가 효과적이지 않다고 본 데 반해 38%는 효과적이라고 보았다(UNDP 2005, 7-8). 방글라데시에서 하르탈이 많은 이유는 정치적 단합이 결여되어 있기 때문이라고 46%가 응답하였다. 48%는 정당들이 하르탈을 사용하지 말아야 한다고 응답하였다(UNDP 2005, 7-8).

결국 무집, 지아, 에르샤드로 이어지는 정치 불안의 반복의 역사로 인해 방글라데시는 발전하지 못했다. 브레어(Blair 2010, 109)의 지적에 따르면 1972-1991년의 19년 동안 관료집단, 군, 정치엘리트가 서로 연계하여 통치하는 모델이었다면, 2000년대 초에는 정치계급이 관료를 지배하고 군은 점차 배제되고 대신에 NGO가 보조역할을 하는 모델이었으며, 2007년의 모델은 군이 쿠데타를 통해 다시 지배하고 다른 조직들은 복종하는 모델이었다고 지적한다. 여기에 사회적으로 문화적으로 민주주의를 저해하는 요인들이 존속함으로써 방글라데시는 외향적으로는 자유로운 선거제도를 시행하고 있음에도 불구하고 여전히 비민주적 권위주의 체제가 오랫동안 지속되어 왔다.

특히 문제가 되었던 것은 CTG 문제였다. 선거기간에 엄정한 선거 관리를 할 수 있는 정부를 구성하는 것이다. 어떻게 보면 '주심이 있는 민주주의(Umpired democracy)'라고도 할 수 있다(Azad and Crothers 2012, 211). 반민주적 상황에서 권력 이양을 가능하게 하는 하나의 방법일 수 있다. 각종 여론 조사에서는 CTG에 대해 찬성하는 것으로 되었다. 2011년의 프로톰 알로(Prothom Alo) 언론사와 퀘스트리서치(Org-Quest Research) 국제여론조사기구가 공동으로 시행한 조사에서 2011년 73%, 2012년 90%, 2013년 4월 90%, 2013년 10월 82%로 나타났다. 사마칼 일간지(Daily Samakal)

신문사의 2011년과 2012년 두 차례 여론조사에서 CTG 없이 공정한 선거는 불가능하다는 응답이 각각 55%와 62%였다. 이외에 다른 여론조사에서도 CTG를 선호하였다(Riaz 2013). 이러한 대립은 의회가 개원하여도 의회가 제대로 돌아가지 못하는 결과를 낳았다.

방글라데시의 소득불평등과 민주주의의 관계와 재분배

소득불평등이 높으면 재분배를 선호하는 정당이 유리하게 되어 결국 재분배를 하게 되고 소득불평등도 줄어들 수 있다. 따라서 여기서는 소득불평등과 선거와 투표의 문제를 주로 분석하고자 한다. 아울러 재분배가 어떻게 이루어지고 있는지를 분석할 것이다.

첫째, 지니계수가 높으면 투표율이 낮아지는가 아니면 높아지는가의 문제이다. 투표율이 낮아진다면 가난한 사람들은 소득불평등으로 인해 더욱 위축되고 정치 참여의 기회가 적어진다는 것을 의미한다. 이에 반해 투표율이 높아지는 것은 소득불평등을 타파하려는 것으로 해석할 수 있을 것이다.

방글라데시 전국 선거에서 질라(zila)에서의 투표율은 불평등의 증가와 함께 증가하는 것으로 나타났다. 이에 반해 우파질라(upazila) 지방선거에서는 불평등이 증가하면 투표율이 낮아지는 것으로 분석되었다. 이러한 차이가 전국선거에서는 불평등을 해소시켜 줄 수 있다고 생각하는 반면 지방선거에서는 클라이언텔리즘 등이 강해서 나타나는 현상으로 볼 수 있을 것이다.

<그림 20> 질라에서의 불평등과 투표율

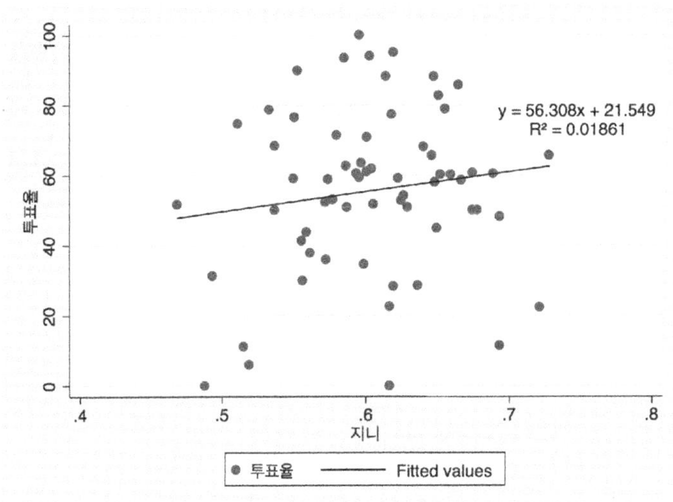

출처: BIHS 2015에서 저자 추산.

<그림 21> 우파질라 선거에서의 불평등과 투표율

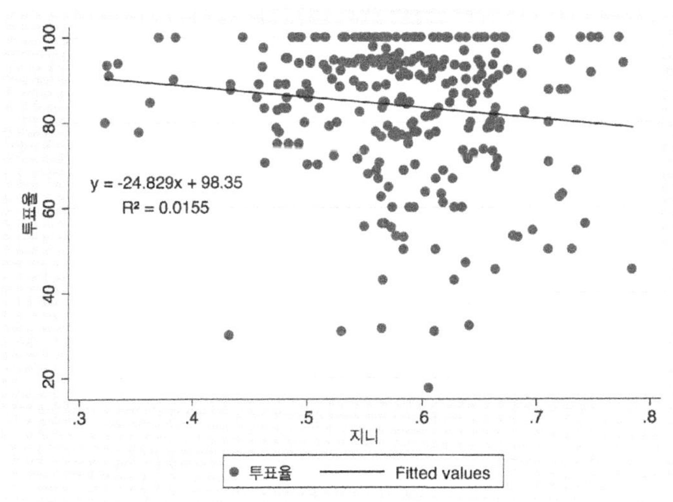

출처: BIHS 2015에서 저자 추산.

둘째, 지니계수와 정당 득표율의 관계이다. 불평등이 완만히 감소하고 있던 시기에 AL의 득표율은 완만한 상승을 기록하였고 2010년 이후 불평등이 완만히 증가하면서 AL의 득표율은 급등하였다. 물론 당시 선거 보이콧 등의 문제가 있었음을 감안하더라도 이러한 경향은 불평등과 정당 득표율의 관계를 보여주는 것이라고 평가할 수 있다.

〈그림 22〉 지니와 정당득표율

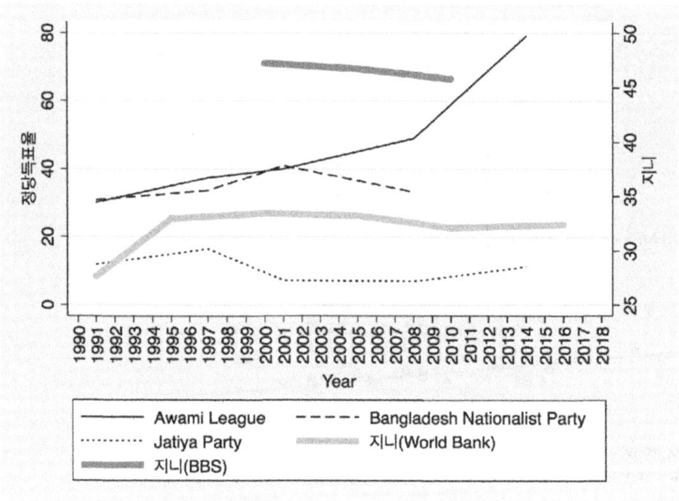

출처: Islam(2016); World Bank; BBS.

셋째, 빈부 간에 투표 경향이 어떻게 다른가를 살펴볼 필요가 있다. 의회선거에 투표하지 않은 사람은 평균 소득이 3,956타카인 데 반해 의회선거에 투표한 사람은 평균 소득이 3,668타카였다. 지방선거에 투표한 사람은 평균 소득이 3,722타카였고 투표하지 않은 사람은 3,892타카였다. 따라서 의회선거에서는 가난한 사람들이 적극적으로 투표한 데 반해 지방선거에서는 가난한 사람들이 적극적으로 투표하지 않은 것을 보여준다. 일반적으로 미국 등 선진국의 경우 가난한 사람들은 정치과정에 여러 가지 이유로 배제되는 것이 현실이다. 방글라데시의 상황은 그래도 나은 편이다. 투표 참여가 부자보다도 가난한 사람들이 높은 편이다(Islam 2016, 149-150).

〈그림 23〉 투표자와 비투표자의 월평균소득(단위: 타카)

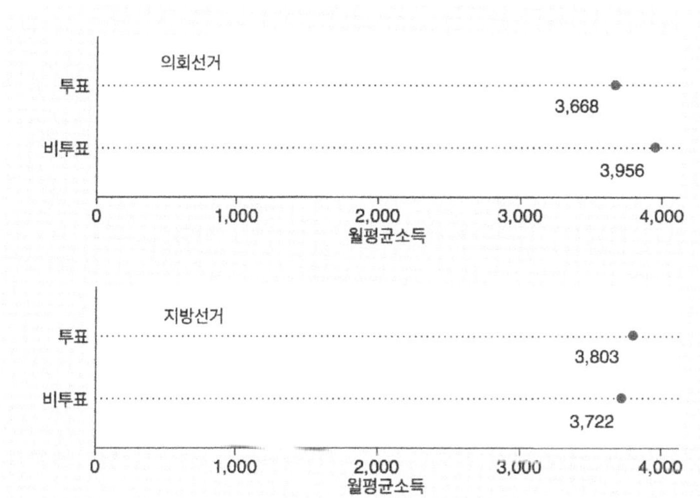

출처: BIHS 2015에서 저자 추산.

넷째, 양대 정당의 민주주의 지표와 불평등과는 어떤 관계에 있는지를 살펴볼 필요가 있다. AL의 경우 불평등 증가는 정당민주주의 지표의 하락으로 이어지는 반면 BNP의 경우 불평등 증가는 정당민주주의의 증가로 나타났다.

〈그림 24〉 민주주의 지표와 지니계수

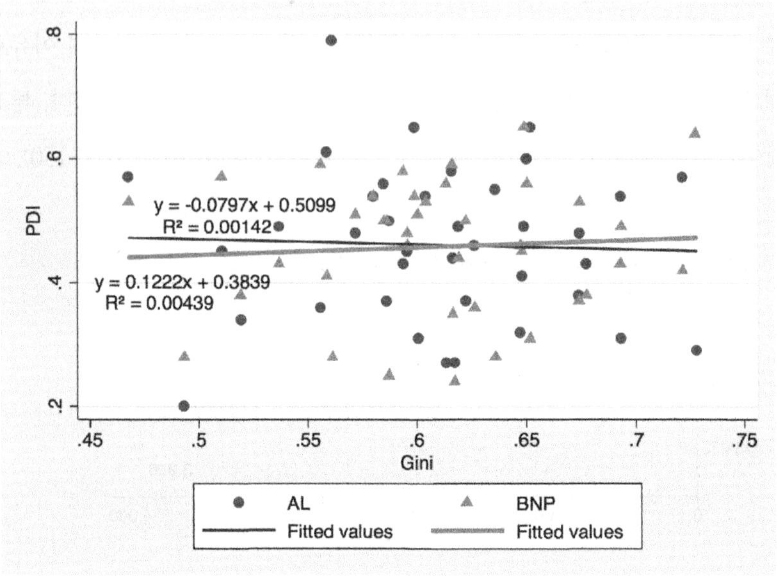

출처: BIGD(2014).

선거제도와 관련하여 다수제(majoritarian system)를 채택하게 되면 승자독식을 가져오고 불평등이 더욱 증가할 수 있다. 방글라데시는 다수제(majoritarian system)를 채택하고 있어 불평등이 줄어들기 힘든 구조를 가지고 있다. 비례대표제에 비해 다수제는 승자독식 체제이기 때문에 비례대표제에 비해 불평등이 증가할 수밖에 없다. 1991년의 경우 AL이 30.10%를 득표했는데 29.33%의 의석을 가져간 반면, BNP는 30.80%의 득표를 했는데도 46.67%의 의석을 가져갔다. 2001년의 경우 AL이 40.02% 득표를 하여 의석비율은 20.67%밖에 되지 않은 데 반해 BNP는 41.00% 득표로 64.33%의 의석비율을 차지하였다.

〈표 56〉 정당득표율과 의석수

정당	AL		BNP		Jatiya Party		기타	
연도	득표율(%)	의석비율(%)	득표율(%)	의석비율(%)	득표율(%)	의석비율(%)	득표율(%)	의석비율(%)
1979	24.50	18.00	41.20	69.00	—	—	34.30	13.00
1991	30.10	29.33	30.80	46.67	11.90	11.67	27.20	12.33
1996	37.40	48.67	33.60	38.67	16.40	10.67	12.60	2.00
2001	40.02	20.67	41.00	64.33	7.22	4.67	18.98	15.00
2008	49.00	76.67	33.20	10.00	7.00	9.00	10.80	4.33
2014	79.14	78.00	—	—	11.31	11.33	9.55	10.67

출처: Islam(2016).

〈그림 25〉 다수제에서의 불비례

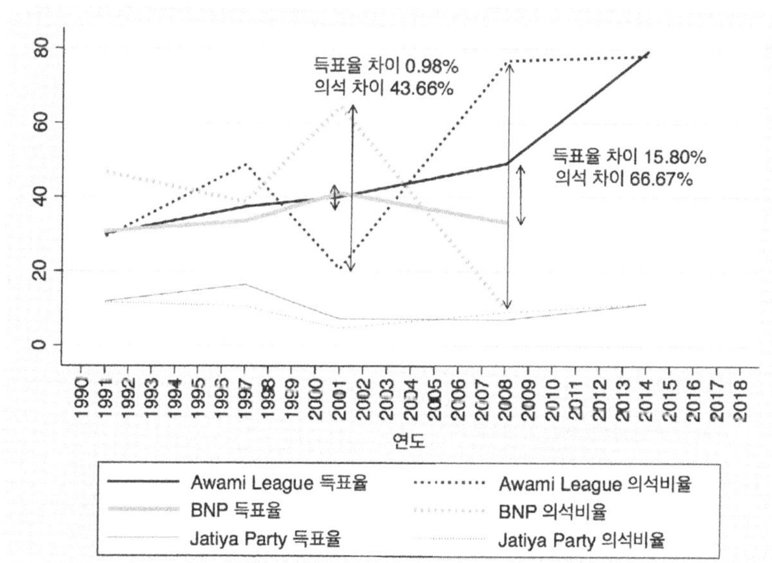

출처: Islam(2016).

이러한 다수제에서 나타나는 불비례(non-proportionality)는 2001년 선거, 2008년 선거에서 현저하게 나타났다. 양대 정당의 경우 득표율 차이가 얼마 나지 않았던 데 반해 의석 비율은 차이가 크게 났다. 2001년의 경우 득표율 차이는 0.98%에 불과한데 의석비율은 43.66% 차이가 났다. 2008년의 경우 득표율 차이는 15.80%인데 의석비율은 66.67% 차이가 났다.

이러한 현상들은 재분배에서도 과거보다 후퇴하는 양상을 보여주고 있다. SPL이 방글라데시에서 불평등과 빈곤 감소에 미친 영향은 2005년에 지니 감소 인구비율 3.44%, 빈곤 감소 인구 비율 10.87%였다. 그러나 2015년에는 지니 감소 인구비율 0.65%, 빈곤 감소 인구 비율 5.36%였다. 따라서 2015년에는 2005년에 비해 지니 감소 인구비율과 빈곤 감소 인구 비율이 각각 2.79%p, 5.51%p 감소한 것이다.

<표 57> SPL이 미치는 불평등 및 빈곤 감소 효과

연도		2005	2010
커버리지(Coverage)	가장 빈곤한 20%	22.52	25.53
	전체	13.98	17.77
수혜발생률(Benefit incidence)	가장 빈곤한 20%	15.36	8.73
평균이전액수(1인당 1일 달러)	전체	0.61	0.30
적정성(Adequacy)	가장 빈곤한 20%	25.60	5.40
	전체	27.67	9.12
SPL로 인한 지니불평등 감소(% 감소)		3.44	0.65
SPL로 인한 빈곤율 감소(% 감소)		10.87	5.36
SPL로 인한 빈곤갭 감소(% 감소)		31.93	9.90
수혜-비용비율(Benefit-cost ratio)		0.28	0.16

출처:ASPIRE Database.

방글라데시의 경우 사회보장이 GDP에서 차지하는 비중은 2015년의 경우 연 지출 0.73%이다. CCT(Conditional cash transfer) 0.1%, UCT(Unconditional cash transfer) 0.05%, 사회연금(social pension) 0.17%,

학교급식 0.03%, 공공근로 0.28%, 식량과 현물 0.09%, 기타 사회보장 0.01%였다. 1인당 연 절대지출은 2011년 PPP로 23달러였다(ASPIRE Database).

〈표 58〉 사회안전망 프로그램

사회안전망 프로그램	Freq.	Percent	Cum.
초등생 지원(Stipend for Primary Students)	1,437	19.88	71.48
중등생 지원(Stipend for Secondary and Higher Second)	466	6.45	77.93
노령지원(Old Age Allowance	397	5.49	83.42
취약집단급식(VGF: Vulnerable Group Feeding)	302	4.18	87.6
학교급식 프로그램 (School Feeding Program)	231	3.20	90.8
일반구제활동(General Relief Activities)	106	1.47	92.27
취약집단발전(VGD: Vulnerable Group Development)	99	1.37	93.63
미망인 지원(Allowances for the Widowed, Deserted)	95	1.31	94.95
무상구제(GR: Gratuitous Relief)- 식량	81	1.12	96.07
기타	284	3.91	100
참여하지 않음	3,729	51.60	51.6
합계	7,227	100	

출처: BIHS 2015에서 저자 추산.

CCT의 수혜자는 2013년의 경우 780만 명, UCT의 경우 2015년의 경우 역 113만 명이었고 사회연금 수혜자는 2015년의 경우 300만 명이었다

(ASPIRE Database). 식량과 현물 수혜자는 2014년 약 996만 명, 개인별로는 4,830만 명이었고 학교급식은 약 300만 명, 공공근로 2014년 140만 명이었다.

BIHS 2015 데이터를 통해 분석하면 사회안전망 프로그램에 가입되지 않은 비가입 비율은 51.60%, 가입 비율은 48.40%였다. 초등생 지원 19.88%, 학교급식프로그램 3.20%, 중등생 지원 6.45%, 노령지원 5.49%, 취약집단 급식 4.18% 등이었다. 이러한 사회안전망을 통해 받는 현금은 평균 2,523타카(N: 2,575명)였고 쌀 26타카(N: 649명), 밀 22타카(N: 55 명), 다른 식량의 경우 1,940타카(N: 304명) 분량을 받았다.

여전히 문제가 남아 있는 방글라데시

방글라데시의 소득불평등과 민주주의의 관계에서 민주주의가 발전하면 소득불평등이 줄어들 수 있음에도 불구하고, 그리고 민주주의가 외형적인 제도상 갖추어져 있고 선거를 통한 정권교체가 이루어졌음에도 불구하고 실제로는 민주주의가 공고화되지 못하고 있는 것이 현실이다. 그 이유는 파트롱-클라이언트 관계가 여전히 지배하고 있고 하르탈이라고 하는 방법을 통해 양대 정당이 과도한 경쟁을 하고 있기 때문이다. 제도적으로는 승자독식의 다수제를 채택하고 있기 때문이다.

경제와 관련하여 South Asia Barometer Survey를 분석하면 가족 경제상황이 몇 년 전에 좋았다고 응답한 비율은 58.67%였다. 지금 좋다고 응답한 비율은 22.9%였다. 몇 년 후 좋아질 것이라고 응답한 비율은 86.00%였다. 실제로도 방글라데시는 2007년부터 2015년까지 거의 6%대의 성장을 지속해왔다. 방글라데시의 명목성장률은 2015년 12.8%였고 실질성장률은 6.6%였다. 이것은 가족 경제상황이 예년보다 훨씬 나쁘다고 생각하는 반면 몇 년 후에는 좋아질 것이라는 기대를 하고 있는 것을 말한다. 그러나 민주주의는 오히려 반대로 더 나빠질 것이라고 하는 비율이 높았다. 민주주의를 0-9로 할 때, 10년 전에 민주주의 평균이 3.17이었다면 현재는 4.27이고 10년 후에는 3.78로 나타났다. 결국 경제가 좋아져도 민주주의는 후퇴할 것이라고 생각하고 있었다. 이는 하르탈이라는 정치적 투쟁 방법 그리고 선거 결과에 대한 불인정 등이 영향을 미친 것이라고 평가할 수 있다. 방글라데시는 '약한 국가 강한 사회(weak state strong society)'이다. 특정 이익집단이 지배적인 권력구조에 도전하거나 영향을 미치려는 시도를 '포획(capture)'하는 경향이 있다. 따라서 저질의 사회복지서비스, 독립된 사법부 결여, 과세를 통한 자원 동원 실패가 나타난다(Lewis 2011, 103-104).

이러한 상황에서 소득불평등도 크게 줄어들기는 힘들다. 특히 2005년과 2010년의 공식적인 통계를 보더라도 재분배의 불평등 및 빈곤 감소 효과가 하락한 것을 알 수 있다. 물론 소득불평등과 관련하여 새로운 조처들이 없었던 것은 아니다. 공무원의 경우 해방 이후의 방글라데시는 평등한 임금구조가 새로운 국면이었다. 2,000여 개 이상이던 임금체계가 20여 개로 줄어든 것이다(Khan 2013, 205). 그리고 임금서비스위원회(Pay and Service Commission)가 만들어지고 공무원의 봉급 수준과 관련하여 2015년부터 이 위원회가 권고하는 안을 채택하기로 했다. 봉급 체계가 20개에서 16개로 줄어들고 최저와 최고 기본이 각각 8,250타카와 75,000타카로 정해졌다. 방글라데시 공무원은 총 130만 명으로 보았고 정부 지출이 3,601.7억에서 5,897.0억으로 증가할 것으로 보았다(Islam, 2016: 172-173). 이러한 제도 정비는 소득불평등을 감소시키는 역할을 할 것이다. 제도적으로는 하르탈 등의 방법을 통한 양당의 죽기 살기식 정권투쟁을 억제할 수 있는 방법으로 다수제를 비례대표제로 바꾸는 것도 고려해 볼 수 있을 것이다. 다수제는 승자독식의 문제가 있다. 물론 다수제나 비례대표제에는 정당의 보스에게 선물을 제공하고 당 지명을 받는 '지명거래(nomination trade)'가 일어날 수 있는 문제의 소지는 있다. 다수제에서는 후보로 지명되어도 선거구민의 투표에 따라 당선되어야 하기 때문에 외부적 체크가 있는 반면 비례대표제에서는 후보지명이 곧 당선이기 때문에 직접적인 외부적 체크가 없고 정당의 인기에 편승하는 '목말타기(piggy back)' 현상이 나타날 수 있다(Khan 2015, 133).

• 나가며 •

힌두교와 이슬람 지역 국가인 인도, 이란, 이라크, 파키스탄, 방글라데시에서 소득불평등과 민주주의 또는 권위주의와의 관계를 살펴보았다. 힌두교와 이슬람은 빈곤 취약계층을 구제하여 불평등을 약화시키는 방법들을 제시하고 있다. 자선을 강조하고 있고 의무적인 자카트도 실시하여 빈민들을 구제하는 데 중요한 역할을 하고 있다. 그렇지만 힌두교에서는 불평등한 카스트가 제도로서 자리 잡아 왔고, 이슬람 지역에서는 특히 오토만 제국 시기에 데브쉬르메나 밀레 제도 등은 차별을 합리화하는 것으로 제도화되었다.

이러한 불평등과 빈곤은 민주주의의 발전을 통해 해소될 수 있다는 것이 일반적인 통념이다. 소득불평등이 크면 재분배를 요구하는 목소리가 커질 수밖에 없고 정당들은 이러한 요구에 순응할 수밖에 없어 재분배율이 높아질 수 있다. 유럽 선진국들은 재분배율이 높은 데 반해 후진국들에서는 재분배율이 낮은 편이다. 후진국에서는 민주주의가 발전하지 않은 상태에서 독재자나 권위주의 국가는 지대국가, 경쟁적 권위주의 국가, 사회계약 등을 통해 사회서비스를 증대시켜 불평등과 빈곤을 해소함으로써 권위주의 체제에 대한 저항을 무력화시키는 전략적 선택을 할 수 있다. 물론 권위주의 국가에서도 선거가 정기적으로 실시됨으로써 점차 민주주의로 발전하며 재분배의 압력이 높아질 수 있다.

SPL로 인한 불평등 및 빈곤의 감소 비율은 아직도 크지 않다. 인도 2011년의 경우 지니불평등 2.28% 감소, 빈곤율 9.75% 감소였다. 이라크 2012년의 경우 지니불평등 3.54% 감소, 빈곤율 22.61% 감소였다. 파키스탄 2013년의 경우 지니불평등 0.18% 증가, 빈곤율 8.64% 감소였다. 방글라데시 2010년의 경우 지니불평등 0.65% 감소, 빈곤율 5.3% 감소였다. 이라크의 경우 지니불평등 감소와 빈곤율 감소가 두드러지게 나타났다.

인도, 이란 등 이들 국가들은 PDS를 제공하여 식량과 유류 등 생필품을 지원해왔다. 아울러 빈민들을 지원하는 다양한 프로그램들이 있다. 이제는 이러한 복지프로그램을 시행하기보다는 복지서비스의 누수를 줄이고 수혜를 받아야 할 빈곤층에 지원이 이루어지기 위해서 다양한 방법들이 제시되고 있다. 인도의 아드하르 번호와 같은 것이 시행되었다. 특히 수혜자에게 돌아가는 현금 액수보다 행정에 드는 비용이 더 드는 현상까지 나타나기 때문에 차라리 보편적 현금 지원인 기본소득제를 생각하기에 이르렀다. 이란처럼 유류 지원은 유가의 등락에 영향을 크게 받기 때문에 현금 직접 지원이 더 효과적이라고 생각하게 된 것이다.

결국, 세계에서 가장 큰 민주주의 국가 인도의 경우나 이라크의 경우 기본소득제를 시행하거나 시행하기로 되어 있다. 세계적으로 유럽 국가들에서 기본소득제가 논의되었지만 실제 전국적으로 시행하기로 한 것은 힌두교의 인도, 이슬람의 이란이라는 것은 아이러니일 수밖에 없다. 기본소득제는 유럽에서는 논의만 되거나 일부 실험되기도 했지만 힌두교와 이슬람 지역 국가에서 세계적으로 시행되었다는 점에서 의의가 크고 이제는 전 세계적으로 기본소득제의 열풍이 불지도 모른다는 생각을 하게 된다. 민주주의나 권위주의에서 재분배 압력은 선거 등을 통해 나타날 수 있고 기본소득제를 실시하게 되거나 제도로서 정착시키게 되면 물론 재원의 문제가 제기되겠지만 불평등과 빈곤은 크게 감소할 것이다.

〈참고문헌〉

박홍규 외. 2018. "기본소득제의 가능성과 입법화 방안 연구." 2018년도 국회사무처 연구용역.

이양호. 2009. 『인도의 부상: 족쇄에서 풀려난 아시아 호랑이』. 서울: 친디루스.

Abdel-Fadil, Mahmoud. 1987. "The Macro-behavior of Oil-rentier States in the Arab Region." Hazem Beblawi and Giacomo Luciani, eds., The Rentier State, pp.83-107. London: Croom Helm.

Aber Jaber, Kamel. S. 1967. "The Millet System in the Nineteenth-Century Ottoman Empire." The Muslim World 57(3): 212-223.

Acemoglu, Daron and James A. Robinson. 2006. Economic Origins of Dictatorship and Democracy. Cambridge: Cambridge University Press.

Acemoglu, Daron and James A. Robinson. 2012. Why Nations Fail: The Origins of Power, Prosperity, and Poverty. New York: Crown Business.

Adam, Jan. 1991. "Social Contract." In Jan Adam, ed., Economic Reforms and Welfare Systems in the USSR, Poland and Hungary: Social Contract in Transformation pp.1-25. New York: Palgrave Macmillan.

ADB. 2018. Key Indicators for Asia and the Pacific. Mandalunyong: ADB.

Akhtar, Aasim Sajjad. 2018. The Politics of Common Sense: State, Society and Culture in Pakistan. Cambridge: Cambridge University Press.

al-Najjar, Ameen, S. A. 2014. "'Ali al-Wardi's understanding of democracy and its possibilities in Iraq." International Journal of Contemporary Iraqi Studies 8(2/3): 141 - 151.

Alkhoja, Ghassan, Ramzi Neman, and Sara Hariz. 2016. "Social Safety Nets in Iraq: Reform in a Time of Fragility, Conflict, and Violence." MENA Knowledge and Learning Quick Notes Series 161.

Almås, Ingvild and Anders Kjelsrud. 2017. "Rags and Riches: Relative Prices, Non-Homothetic Preferences, and Inequality in India." World Development 97: 102 - 121. http://dx.doi.org/10.1016/j.worlddev.2017.04.001.

Amir-ud-Din, Rafi and Rana Ejaz Ali Khan. 2017. "Democracy, Income Inequality and Economic Growth Nexus: The Case of Pakistan." Pakistan Journal of Commerce and Social Sciences 11(1): 205-220.

Amundsen, Inge, 2013, "Dynasty or Democracy? Political Politics in Bangladesh," CMI Brief

12(6): 1-4.
Amuzegar, Jahangir. 2014. The Islamic Republic of Iran: Reflections on an Emerging Economy. New York: Routledge.
Ansell, Ben W. and David J. Samuels. 2014. Inequality and Democratization: An Elite-Competition Approach. New York: Cambridge University Press.
Anwar, Talat. 2005. "Long Term Changes in Income Distribution in Pakistan: Evidence Based on Consistent Series Estimates." CRPRID Discussion Paper Series No.3.
ASPIRE(The Atlas of Social Protection Indicators of Resilience and Equity) Database, World Bank, Washington, DC. http://datatopics.worldbank.org/aspire/(검색일: 2018.4.5).
Azad, Abul Kalam and Charles Crothers. 2012. "Bangladesh: An Umpired Democracy." Journal of Social and Development Sciences 3(6): 203-213.
Banik, Dan. 2011. "Poverty, Inequality, and Democracy: Growth and Hunger in India." Journal of Democracy 22(3): 90-104.
Baru, Sanjaya. 2004. "Enterprise and Development In India - An Interregional Perspective." India Review 3(4): 385-404.
Basu, Amrita. 2018. "Whither Democracy, Secularism, and Minority Rights in India?" The Review of Faith and International Affairs 16(4): 34-46. DOI:10.1080/15570274.2018.1535035.
Basu, Kaushik. 2008. "The Enigma of India's Arrival: A Review of Arvind Virmani's 'Propelling India: From Socialist Stagnation to Global Power'." Journal of Economic Literature 46(2): 396-406.
BBS(Bangladesh Bureau of Statistics). 2016. Setting Priorities for Data Support to 7th FYP and SDGs: An Overview. BBS. www.bbs.gov.bd.
Beblawi, Hazem. 1987. "The Rentier State in the Arab World." In Hazem Beblawi and Giacomo Luciani. eds., The Rentier State, pp.49-62. London: Croom Helm.
BIGD. 2014. The State of Governance Bangladesh 2013: Democracy, party, politics. Dhaka: BRAC Institute of Governance and Development, BRAC University.
Blair, Harry. 2010. "Party overinstitutionalization, contestation, and democratic degradation in Bangladesh." In Paul R. Brass, ed., Routledge Handbook of South Asian Politics: India, Pakistan, Bangladesh, Sri Lanka, and Nepal, pp.98-117. New York: Routledge.
Boix, Carles. 2003. Democracy and Redistribution. Cambridge: Cambridge University Press.
Cariappa, A.G. Adeeth and Apoorva Srinivas. 2019. "Universal Basic Income for India: The Way Towards Right to Equality-A Review." Indian Journal of Economics and

Development 15(1): 142-149.

Chancel, Lucas and Thomas Piketty. 2017. Indian Income Inequality, 1922-2015: From British Raj to Billionaire Raj?. WID.world Working Paper Series No.2017/11. Helsinki: WIDER.

CIA World factbook, https://www.cia.gov/library/publications/the-world-factbook/(검색일: 2019.5.20).

Citizens' Income Trust. 2012. "OPINION: Iran's Citizen's Income Scheme and its Lessons." https://basicincome.org/news/2012/05/opinion-irans-citizens-income-scheme-and-its-lessons/(검색일: 2019.1.20).

Clark, William R. et al. 2018. Principles of Comparative Politics. London: Sage.

CSO(Central Statistical Office), Government of India. 2016. BRICS: Joint Statistical Publication 2016. New Delhi: CSO.

CSO(Central Statistics Office), Government of India. 2018. India in Figures 2018. CSO. www.mospi.gov.in.

CSO(Central Statistical Organization). 2012. Iraq Indicators and Figures. http://cosit.gov.iq/images/publications/iraqnums.pdf(검색일: 2018.4.5).

Das, Upasak and Diego Maiorano. 2019. "Post-clientelistic initiatives in a patronage democracy: The distributive politics of India's MGNREGA." World Development 117: 239-252.

Devarajan, Shanta and Lili Mottaghi. 2015. Middle East and North Africa Economic Monitor Towards a New Social Contract. Washington, DC: World Bank.

Dodge, Toby. 2013. "State and Society in Iran ten years after Regime Change: the Rise of a New Authoritarianism." International Affairs 89(2). pp.241-257.

Dossani, Rafiq. 2008. India Arriving How This economic powerhouse is redefining Global Business. New York: Amacom.

Economic Time Series Database. Economic Research and Policy Department, https://tsd.cbi.ir/DisplayEn/Content.aspx(검색일: 2019.1.20).

EIU(Economist Intelligence Unit). 2018. Democracy Index 2017: Free Speech under Attack. EIU.

Election Commission of India. 2017. Electoral Statistics Pocketbook. New Delhi: Election Commission.

ESCWA(United Nations Economic and Social Commission for Western Asia). 2015. Arab Sustainable Development Report. UN.

Esposito, John L, Tamar Sonn and John O. Voll. 2016. Islam and Democracy after the Arab Spring. Oxford: Oxford University Press.

Farzanegan, Mohammad R, Mohammad M. Khabbazan, and Hossein Sadeghi. 2016. "Effects of Oil Sanctions on Iran's Economy and Household Welfare: New Evidence from A CGE Model." In Mohammad R. Farzanegan and Pooya Alaedini, eds., Economic Welfare and Inequality in Iran: Developments since the Revolution, 185–211. New York: Palgrave Macmillan.

Ferdousi, Samiya and Wang Dehai. 2014. "Economic Growth, Poverty and Inequality Trend in Bangladesh." Asian Journal of Social Science and Humanities 3(1): 1–11.

Finance Division, Government of Pakistan. 2018. Pakistan Economic Survey 2017–18. www.finance.gov.pk.

Firoj, Jalal. 2013. "Forty Years of Bangladesh Parliament: Trends, Achievements and Challenges." Journal of the Asiatic Society of Bangladesh 58(1): 83–128.

Francese, Maura and Delphine Prady. 2018. "Universal Basic Income: Debate and Impact Assessment." IMF Working Paper WP/18/273.

Gautam, Madhur and Rashid Faruqee. 2016. Dynamics of Rural Growth in Bangladesh: Sustaining Poverty Reduction. Directions in Development. Washington, DC: World Bank, doi:10.1596/978-1-4648-0876-0.

Government of India. 2014. Report of the expert group to review the methodology for measurement of poverty. New Delhi: Planning Commission of India.

Government of India. 2017. SAARC Development Goals India Country Report 2017.

Habibi, Nader. 2013. "The Economic Legacy of Malmoud Ahmadinejad." Middle East Brief 74.

Hari, K. S. and Neelambar Hatti. 2015. "Poverty and Inequality in India: An Exploratory Analysis. Social Science Spectrum 1(4): 249–261.

Harris, Kevan. 2016. "Social welfare Policies and the dynamics of elite and Popular Contention." In Daniel Brumberg and Farideh Farhi, eds., Power and change in Iran: Politics of Contention and Conciliation, pp.70–100. Bloomington: Indiana university Press.

Harris, Kevan. 2017. A Social Revolution: Politics and the Welfare State in Iran. Oakland: University of California Press.

Hasan, Zoya. 2016. "Democracy and Growing Inequalities in India." Social Change 46(2): 290–301.

Hashmi, Sohail H. 2012. "The Problem of Poverty in Islamic Ethics." In William A. Galston and Peter H. Hoffenberg, eds., Poverty and Morality: Religious and Secular Perspectives, pp.180–203. Cambridge: Cambridge University Press.

Helal, Mohammed and Md. Amzad Hossain. 2013. "Four Factors of Economic Development of Nangladesh: An Assessment," Journal of the Asiatic Society of Bangladesh 58(2): 335–362.

Herbert, Siân. 2018. "Who are the elite groups in Iraq and how do they exercise power?" K4D Helpdesk Report. Brighton, UK: Institute of Development Studies.

IDEA(International Institute for Democracy and Electoral Assistance) https://www.idea.int.

Idrees, Muhammad. 2012. "An Analysis of District Level Earnings Inequalities in Pakistan." Journal of Business and Economics 4(1): 124–142.

IFPRI(International Food Policy Research Institute). 2016. Bangladesh Integrated Household Survey (BIHS) 2015. Washington, DC: International Food Policy Research Institute (IFPRI) [dataset]. http://dx.doi.org/10.7910/DVN/BXSYEL.

IHSES(Iraq Household Socio-Economic Survey) 2012, http://microdata.worldbank.org/index.php/catalog/2334(검색일: 2018.3.1).

Imaia, Katsushi S. and Takahiro Sato. 2012. "Decentralization, Democracy and Allocation of Poverty Alleviation Programmes in Rural India." European Journal of Development Research 24(1): 125–143.

IMF. 2007. World economic outlook 2007 Globalization and Inequality. Washington: IMF Publication Services.

Islam, Asadul and Wang-Sheng Lee. 2016. "Bureaucratic Corruption and Income: Evidence from the Land Sector in Bangladesh." The Journal of Development Studies 52(10): 1499–1516.

Islam, S. Aminul. 2006. "The Predicament of Democratic Consolidation in Bangladesh," Bangladesh e-Journal of Sociology 3(2): 1–30.

Islam, S. Nazrul. 2016. Governance for Development: Political and Administrative Reforms in Bangladesh. New York: Palgrave Macmillan.

Jaffrelot, Christophe. 2007. "Caste and the Rise of Marginalized Groups." In Sumit Ganguly et al. ed., The State of India's Democracy. Baltimore: Johns Hopkins Univresity Press.

Jahanbakhsh, Forough. 2001. Islam, Democracy and Religious Modrnism in Iran (1953–2000). Leiden: Brill.

Jalal, Ayesha. 2014. The Struggle for Pakistan: A Muslim Homelnd and Global Politics. Cambridge: Belknap Press.

Jamil, Ishtiaq. 2002. "Administrative Culture in Bangladesh: Tensions between Tradition and Modernity." International Review of Sociology 12(1): 93-125.

Jamil, Ishtiaq, Steinar Askvik and Tek Nath Dhakal. 2013. "Challenges of Democratic Governance in South Asia and Beyond." In I. Jamil et al., eds., In Search of Better Governance in South Asia and Beyond, Public Administration, Governance and Globalization, pp.239-247. New York: Springer.

Jones, Constance A. and James D. Ryan. 2007. Encyclopedia of Hinduism. New York: Facts on File.

Kafaie, Mohammad-Ali and Razieh Garshasbi. 2016. "Subsidy Reform, Cash Payments, and Welfare of Iranian Households." Iran Economic Review 20(1): 1-19.

Kanakarani, P. 2017. "The Incidence of Poverty and Inequality in India: An Empirical Analysis." International Journal of Research in Commerce, Economics and Management 7(6): 28-36.

Kapur, Rohit. 2019. "How to Read India's 2019 Interim Budget." India Briefing, https://www.india-briefing.com/news/indias-2019-interim-budget-2-18374.html/(검색: 2019.5.28).

Karavaltchev, Ventzislav and Pavel Pavlov. 2011. "How Just was the Ottoman Millet System." Journal of European Baptist Studies 11(3): 21-30.

Kemal, A. R. 2008. "Income Inequalities in Pakistan and a Strategy to Reduce Income Inequalities." http://www.finance.gov.pk/poverty/Pakistan-income-inequality-growth.pdf.

Khabbazan, Mohammad M. and Mohammad R. Farzanegan. 2016. "Household Welfare in Iran Under Banking Sanctions: From Open Economy Toward Autarchy." In Mohammad R. Farzanegan and Pooya Alaedini, eds., Economic Welfare and Inequality in Iran. Developments since the Revolution, pp.213-232. New York: Palgrave Macmillan.

Khan, Azizur Rahman. 2015. The Economy of Bangladesh: A Quarter Century of Development. New York: Palgrave Macmillan.

Khan, Mohammad Mohabbat. 2013. "History and Context of Public Administration in Bangladesh." In Meghna Sabharwal and Evan M. Berman, eds., Public Administration in South Asia: India, Bangladesh, and Pakistan, pp.195-212, New York: CRC Press.

Khanum, Arfa. 2017. "Rising Inequality and Challenges for Democracy in Twenty-first Century India: Muslims and Dalits." Journal of Exclusion Studies 7(2): 321-327.

Khosla, Saksham. 2018. India's Univsersal Basic Income. Washington: Carnegie Endowment

for International Peace Publications Department.
Krishnan, Nandini and Sergio Olivieri. 2016. "Losing the Gains of the Past: The Welfare and Distributional Impacts of the Twin Crises in Iraq 2014." World Bank Policy Research Working Paper 7567.
Krishnan, Nandini, Sergio Olivieri, and Racha Ramadan. 2017. "Estimating the Welfare Costs of Reforming the Iraq Public Distribution System: A Mixed Demand Approach." World Bank Policy Research Working Paper 8106.
Kumar, Vivek. 2014. "Inequality in India: Caste and Hindu Social Order." Transcience 5(1): 36–52.
Law for the Targeting of Subsidies. 2009. Iran Data Portal, http://irandataportal.syr.edu/full-text-of-the-law-for-the-targeting-of-subsidies-december-2009(검색일: 2019.2.20).
Levitsky, Steven and Lucan A. Way. 2002. "The Rise of Competitive Authoritarianism." Journal of Democracy 13(2): 51–65.
Lewis, David. 2011. Bangladesh: Politics, Economy and Civil Society. Cambridge: Cambridge University Press.
Linz, Juan J. 2000. Totalitarian ans Authoritarian Regimes. London: Lynne Rienner.
Luce, Edward. 2008. In Spite of the Gods: The Rise of Modern India. New York, Anchor Books.
Maddison, Angus. 2001. The World Economy: A Millennial Perspective. Paris: OECD.
Maghsoudi, Nasrollah and Fateme T. Ardahaey. 2012. "Targeting Subsidies Considering the Applied Models in Iran." International Journal of Business and Social Science 3(7): 162–166.
Mannan, Manzurul, 2015, BRAC, Global Policy Language, and Women in Bangladesh: Transformation and Manipulation. New York: Sunny Press.
Mansour, Renad and Faleh A. Jabar. 2017. The Popular Mobilization Forces and Iraq's Future. Carnegie Middle East Center.
Mansour, Renad. 2018. Rebuilding the Iraqi State: Stabilisation, Governance, and Reconciliation. Policy Department, European Parliament.
Martin, Nicolas. 2016. Politics, Landlords and Islam in Pakistan. New York: Routledge.
Mattes, Robert and Michael Bratton. 2016. "Do Africans still want democracy?" Afrobarometer Policy Paper 36: 5–12.
Mazundar, Dipak. 2010. "Decreasing poverty and increasing inequality in India." In OECD, Tackling Inequalities in Brazil, China, India and South Africa: The Role of

Labour Market and Social Policies , pp.157-207. OECD Publishing. http://dx.doi.org/10.1787/9789264088368-en.

McFarland, Kate. 2016. "IRAN: Parliament slashes cash subsidies to citizens." https://basicincome.org/news/2016/06/iran-parliament-slashes-cash-subsidies-to-citizens/ (검색일: 2019.1.20).

Medgyesi, Marton. 2008. "Income distribution in European Countries: First Reflections on the Basis of EU-SILC 2005." In Tarki Social Research Institute, eds., Tarki European Social Report, pp.88-105. Budapest: Tarki.

Mehra, Puja. 2019. "The case for minimum basic income." The Hindu, https://www.thehindu.com/opinion/op-ed/the-case-for-minimum-basic-income/article26131268.ece(검색일: 2019.5.28).

Meisburger, Tim. 2012. "Strengthening Democracy in Bangladesh." Asia Foundation Occasional Paper, No.13.

Meltzer, Allen H. and Scott F. Richard. 1981. "A Rational Theory of the Size of Government." Journal of Political Economy 89(5): 914-927.

Miljkovic, Ema. 2014. "The Timar System in the Serbian Lands from 1450 to 1550: With a Special Survey on the Timar System in the Sanjak of Smederevo." Journal of Ottoman Legacy Studies 1(1): 36-47.

Ministry of Planning Development and Reform. 2017. National Poverty Report 2015-16. https://www.pc.gov.pk/uploads/report/National_Poverty_Report_2015-16_12-07-18 (Formatted_by_JACC)1.pdf.

Mohan, Deepanshu. 2019. "A vote for minimum basic income, but of what kind?" https://www.fortuneindia.com/opinion/a-vote-for-minimum-basic-income-but-of-what-kind/102959(검색: 2019.02.09.)

Mohseni, Payam. 2016. "Factionalism, Privatization, and the Political Economy of Regime Transformation." In Daniel Brumberg and Farideh Farhi, eds., Power and change in Iran: Politics of Contention and Conciliation, pp.37-69. Bloomington: Indiana University Press.

Moshiri, Saeed. 2015. "The effects of the energy price reform on households consumption in Iran." Energy Policy 79: 177-188.

MRD(Ministry of Rural Development), Government of India. 2005. Mahatma Gandhi National Rural Employment Guarantee Act 2005: The Journey of a Decade. New Delhi: Ministry of Rural Development. www.mgnrega.nic.in.

Mukherji, Rahul. 2009. "The Political Economy of Development in India." Paper for

Conference Trade and Industry in the Asia Pacific Australian National University, November 20th November 2009.

Murphy, Jason B. 2017. "Study of Iran's basic income shows it did not harm employment," Basic income Earth Network https://basicincome.org/news/2017/06/study-irans-basic-income-shows-not-harm-employment/(검색일: 2019.2.18).

OECD. 2017. OECD Economic Surveys: India 2017. Paris: OECD Publishing. http://dx.doi.org/10.1787/eco_surveys-ind-2017-en.

OECD. 2017a. Promoting Strong and Inclusive Growth in India. OECD Publishing.

Paul, T. V. 2014. The Warrior Sate: Pakistan in the Contemporary World. Oxford: Oxford University Press.

Pesaran, Evaleila. 2011. Iran's Struggle for Economic Independence Reform and Counter-reform in the Post-revolutionary Era. New York: Taylor and Francis.

Piachaud, David. 2013. "Social protection, Redistribution and Economic Growth." Development Southern Africa 30(1): 24 – 38.

Piketty, Thomas. 2013. Le Capital au XXe Siècle. Paris: Seuil.

Rabbani, Atonu and Lamya Islam. 2010. An Assessment of Poverty, Inequality and Employment Related MDGs in Bangladesh. UNDP MDG Report, Dhaka: Economic Research Group.

Rahman, Khondaker Mizanur. 2014. "Management and Economy in Hartals: The Case of Bangladesh." Journal of Comparative International Management 17(1): 24 – 42.

Rahman, Syed Sajjadur and Mustafa K. Mujeri. 2018. Development Partnerships in Middle Income Countries(MICs) in Transition: a Case Study of Bangladesh. Canadian Journal of Development Studies, 39(2): 289–309.

Rajadhyaksha, Niranjan. 2007. The Rise of India Its Transformation from Poverty to Prosperity. Singapore: John Wiley.

RBI(Reserve Bank of India). 2019. Handbook of Statistics on Indian States. Mumbai: RBI.

Riaz, Ali. 2013. "Congressional Testimony Bangladesh in Turmoil: A Nation on the Brink?" Testimony before the Subcommittee on Asia and the Pacific Committee on Foreign Affairs United States House of Representatives, November 20, 2013.

Robb, Peter. 2002. A History of India. New York: Palgrave.

Rohde, Achim. 2017. "Echoes from below? Talking democracy in Ba'thist Iraq." Middle Eastern Studies 53(4); 551–570.

Salehi-Isfahani, Djavad and Mohammad H. Mostafavi-Dehzooei. 2018. "Cash transfers and labor supply: Evidence from a large-scale program in Iran." Journal of Development Economics 135: 349 - 367.

Salehi-Isfahani, Djavad, Bryce W. Stucki and Joshua Deutschmann. 2015. "The Reform of Energy Subsidies in Iran: The Role of Cash Transfers." Emerging Markets Finance and Trade 51: 1144 - 1162.

Sassoon, Joseph. 2016. "Iraq's political economy post 2003: From transition to corruption." International Journal of Contemporary Iraqi Studies 10(1/2): 17-33.

Savoia, Antonio, Joshy Easaw and Andrew McKay. 2010. "Inequality, Democracy, and Institutions: A Critical Review of Recent Research." World Development 38(2): 142 - 154.

Schjoedt, Rasmus. 2016. "India's Basic Income Experiment." Pathway's Perspectives 21: 1-9.

Schwarz, Rolf. 2013. War and State Building in the Middle East. Gainesville: University Press of Florida.

Sdralevich, Carlo, Randa Sab, Younes Zouhar, and Giorgia Albertin. 2014. Subsidy Reform in the Middle East and North Africa: Recent Progress and Challenges Ahead. Washington, D.C.: IMF.

Sen, Jayanta and Das Debarati. 2018. "Consumer Expenditure Inequality in India: a Source Decomposition Analysis." International Journal of Development Issues 17(2): 157-167.

Shah, Aquil. 2014. The Army and Democracy: Military Politics in Pakistan. Cambridge: Harvard University Press.

Sharif, Arshian and Sahar Afshan. 2017. "Does Military Spending Impede Income Inequality? A Comparative Study of Pakistan and India." Global Business Review 19(2): 257 - 279.

Sharma, Arvind. 2012. "Hinduism and Poverty." In William A. Galston and Peter H. Hoffenberg, eds., Poverty and Morality: Religious and Secular Perspectives, pp.160-179. Cambridge: Cambridge University Press.

Sharma, Ruchir. 2019. "No Country for Strongmen: How India's Democracy Constrains Modi." Foreign Affairs. 98(2): 96-106.

Sheahen, Allan. 2012. Basic Income Guarantee: Your Right to Economic Security. New York: Palgrave Macmillan.

Shetty, N. S. 2017. "Political Economy of Land Policy in India." Nitte Management Review 11(1): 31-41. DOI : 10.18311/nmr/2017/v11i1/20596.

Shira, Dezan et al. 2019. "Universal Basic Income in India - the Policies that are Shaping the Debate." India Briefing, https://www.india-briefing.com/news/universal-basic-income-india-policies-shaping-debate-18646.html/(검색일: 2019.5.28).

Siddiqa, Ayesha. 2017. Military Inc.: Inside Pakistan's Military Economy. Northampton: Plutopress.

South Asia Barometer Wave 2. http://www.asianbarometer.org.

Statistical Centre of Iran. 2013. Summary Results of the Iranian Urban and Rural Household Income and Expenditure Survey The Year 1395. Statistical Centre of Iran.

Statistical Centre of Iran. 2018. Summary Results of the Iranian Urban and Rural Household Income and Expenditure Survey The Year 1395. Statistical Centre of Iran.

Statistical Centre of Iran. 2019. Summary Results of the Iranian Urban and Rural Household Income and Expenditure Survey The Year 1396. Statistical Centre of Iran.

Stiglitz, Joseph E. 2015. The Great Divide: Unequal Societies and What We Can Do about Them. New York: W.W. Norton.

Subramanian, Sreenivasan and Mala Lalvani. 2018. "Poverty, Growth, Inequality: Some General and India-specific Considerations." Indian Growth and Development Review 11(2): 136-151.

Tabatabai, Hamid. 2012. "From Price Subsidies to Basic Income: The Iran Model and Its Lessons." Karl Widerquist and Michael W. Howard, eds., Exporting the Alaska Model: Adapting the Permanent Fund Dividend for Reform around the World, pp.17-32. New York: Palgrave Macmillan.

Tas, Latif. 2014. "The Myth of the Ottoman Millet System: Its Treatment of Kurds and a Discussion of Territorial and Non-Territorial Autonomy." International Journal on Minority and Group Rights 21: 497-526.

Tudor, Maya. 2013. The Promise of Power: The Origins of Democracy in India and Autocracy in Pakistan. Cambridge: Cambridge University Press.

UNDP, 2005, Beyond Hartals: Towards Democratic Dialogue in Bangladesh. Dhaka: UNDP-Bangladesh.

UNDP. 2013. Humanity Divided: Confronting Inequality in Developing Countries. New York: UNDP.

UNDP. 2016. Human Development Report. New York: UNDP.

Vaishnav, Milan and Reedy Swanson. 2013. "Does Good Economics Mean Good Politics in India?" Carnegie Endowment for International Peace. https://carnegieendowment.org/2013/12/19/does-good-economics-mean-good-politics-in-india-pub-53988(검색 2019.5.11).

Van Parijs, Philippe and Yannick Vanderborght. 2017. Basic Income: A Radical Proposal for a

Free Society and a Sane Economy. Cambridge: Harvard University Press.
Van Veen, Erwin, Nick Grinstead and Floor El Kamouni-Janssen. 2017. A House Divided: Political Relations and Coalition-building between Iraq's Shi'a. CRU Report.
Vanderborght, Yannick. 2011. "IRAN: Economic reforms usher in a de facto basic income, A report by Hamid Tabatabai." https://basicincome.org/news/2010/11/iran-economic-reforms-usher-in-a-de-facto-basic-income/(검색일: 2019.1.20.).
Vandewalle, Dirk. 1987. "Political Aspects of State Building in Rentier Economics: Algeria and Libya Compared." In Hazem Beblawi and Giacomo Luciani, eds., The Rentier State, pp.159-171. London: Croom Helm.
Varshney, Ashutosh. 2017. "Growth, Inequality, and Nationalism," Journal of Democracy 28(3): 41-51.
Visser, Reidar. 2012. "The emasculation of government ministries in consociational democracies: The case of Iraq." International Journal of Contemporary Iraqi Studies 6(2). pp.231 - 242.
Widerquist, Karl. 2010. "IRAN: On the verge of introducing the world's first national basic income." https://basicincome.org/news/2010/08/iran-on-the-verge-of-introducing-the-worlds-first-national-basic-income/(검색일: 2019.1.20).
Wood, Rachel G. 2010. "Is Iran sleepwalking towards a universal income grant?" https://www.iied.org/iran-sleepwalking-towards-universal-income-grant(검색일: 2019.1.20).
World Bank. 2016. Bangladesh Social Protection and Labor Review: Towards Smart Social Protection and Jobs for the Poor. Bangladesh Development Series Paper, No.33.
World Bank. 2011. Confronting Poverty in Iraq. Washington, DC.: World Bank.
World Bank. 2014. The Unfulfilled Promise of Oil and Growth: Poverty, Inclusion and Welfare in Iraq 2007 - 2012. Washington, DC.: World Bank.
World Bank. 2017. Iraq Systematic Country Diagnostic. Washington, DC.: World Bank.
World Bank. 2018a. Iraq Economic Monitor, Spring 2018: From War to Reconstruction and Economic Recovery With a Special Focus on Energy Subsidy Reform. Washington, DC: World Bank.
World Bank. 2018b. The State of Social Safety Nets 2018. Washington, DC: World Bank. doi:10.1596/978-1-4648-1254-5.
Yilmaz, Gulay. 2017. "Change in Manpower in the Early Modern Janissary Army and its Impact." Rivista Di Studi Militari 6: 181-188.
Yousef, Tarik M. 2004. "Development, Growth and Policy Reform in the Middle East and

North Africa since 1950." Journal of Economic Perspectives 18(3): 91–116.
Zakir, Nadia and Muhammad Idrees. 2009. Trends in Inequality, Welfare and Growth in Pakistan, 1963–64 to 2004–05. PIDE(Pakisan Institute of Development Economics) Working Papers 53.

〈표 색인〉

〈그림 색인〉

저자소개

이양호

고려대학교 정치외교학과 졸업
서울대학교 대학원 정치학 석사
프랑스 소르본느 대학(Université de Paris 1 Panthéon-Sorbonne)
정치학 박사(Doctorat)
시앙스포(Institutd'Etudes Politiques de Paris) 소련동구권학 박사과정(DEA)
현재 고려대학교 평화와 민주주의 연구소 연구교수

저서

『China 2050 Project: 중국의 현재와 미래를 읽는다』(2005)
『인도의 부상: 족쇄에서 풀려난 아시아 호랑이』(2009)
『양파껍질과 마뜨료시카: 국가의 흥망성쇠』(2011)
『불평등과 빈곤』(2013)
『중국, 불평등의 정치경제학』(2016)
『러시아, 불평등의 정치경제학』(2017)

역서

유세프 쿠르바즈·에마뉴엘 토드,『문명의 충돌이냐 문명의 화해냐』(2008)
에이먼 핑글턴,『중국과 미국의 헤게모니 전쟁』(2010)

저자와의
협의하에
인지생략

힌두 · 이슬람국가, 불평등의 정치경제학
- 인도, 이란, 이라크, 파키스탄, 방글라데시를 중심으로 -

2019년 6월 20일 초판 인쇄
2019년 6월 24일 초판 1쇄 발행

저 자 : 이양호
발행인 : 정광식
발행처 : **비앤엠북스**
서울특별시 금천구 가산디지털1로 70 B1-103
등 록 2004. 12. 29. / 제313-2004-00298호
전 화 (02) 2627-5710~13, 팩스 (02) 2627-5720
홈페이지 www.대학교재.net
이 메 일 bnmbook@daum.net

정가 15,000원 ISBN 978-89-6821-092-1(93340)

이 책은 2017년 정부(교육부)의 재원으로 한국연구재단의 지원을 받아 수행된 연구임
(NRF-2017S1A3A2066657).